U0840957

陕西省新型城镇化发展研究与实践

陕西省住房和城乡建设厅

中国建筑工业出版社

图书在版编目（CIP）数据

陕西省新型城镇化发展研究与实践 / 陕西省住房和城乡建设厅编著．—北京：中国建筑工业出版社，2014.5
ISBN 978-7-112-16775-3

Ⅰ．①陕… Ⅱ．①陕… Ⅲ．①城市化－研究－陕西省 Ⅳ．①F299.274.1

中国版本图书馆CIP数据核字（2014）第081023号

责任编辑：咸大庆　赵晓菲　郭雪芳
书籍设计：锋尚制版
责任校对：姜小莲　党　蕾

陕西省新型城镇化发展研究与实践

陕西省住房和城乡建设厅

*

中国建筑工业出版社出版、发行（北京西郊百万庄）
各地新华书店、建筑书店经销
北京锋尚制版有限公司制版
北京顺诚彩色印刷有限公司印刷

*

开本：787×1092毫米　1/16　印张：14½　字数：230千字
2014年5月第一版　2014年5月第一次印刷
定价：122.00元
ISBN 978-7-112-16775-3
（25583）

《陕西省新型城镇化发展研究与实践》

编 委 会

编 写 组

主　　编： 杨冠军

副 主 编： 冯利芳　韩一兵

编写人员： 刘科伟　周庆华　史怀昱　陈晓键　陈天如

赵　鹏　王　晟　杨　帆　贾　锋　胡汉利

李　怡　段玉鹏　张　丹　李晓娟　吕　园

赵海春　文　雯　牛俊婧　程芳欣　李　桃

序

城镇化是人类社会发展的客观趋势，是走向现代化的必由之路。中央城镇化工作会议明确指出，推进城镇化是解决我国农业、农村、农民问题的重要途径，是推动区域协调发展的有力支撑，是扩大内需和促进产业升级的重要抓手，对全面建成小康社会、加快推进社会主义现代化具有重大现实意义和深远历史意义。

推动新型城镇化发展是党的十八大作出的重大战略部署，也是加快建设富裕陕西、和谐陕西、美丽陕西的客观要求。新型城镇化是扩大内需的潜力所在，是建设“富裕陕西”的现实选择；是统筹城乡发展，构建“和谐陕西”的重要途径；是建设和谐生态，实现“美丽陕西”的有力保障。加快推进新型城镇化进程，对于全省保持经济平稳较快发展，加快西部强省建设步伐具有重要战略意义。

近年来，陕西按照“建好西安、做美城市、做强县城、做大集镇、做好社区”的总体思路，以规划为引领，以关中城市群为主体，推动全省新型城镇化快速发展。随着经济社会持续快速发展，尤其是共建丝绸之路经济带的提出，陕西省城镇化进程步入关键时期。基于当前的发展形势，省住房和城乡建设厅紧紧围绕省委、省政府的决策部署和重点工作，在深刻理解新型城镇化内涵和本质要求的基础上，从新型城镇化内涵和实施路径、关中城市群发展、城乡一体化发展、小城镇发展和综合评价指标体系构建等城镇化的关键问题入手，组织开展了系统性和前瞻性研究。在整体框架和研究方向上，坚持理论结合实际，力争做到既全面深入，又重点突出，取得了阶段性成果，最终汇集成《陕西省新型城镇化发展研究与实践》一书。

本书紧密结合了陕西省情和地域特征，系统总结了近年来我省推进城镇化发展的有关做法，提供了大量的工作案例，尤其是陕西经验归纳和发展对策研究，是对新形势下陕西新型城镇化道路的有益探索，期望能够为有关部门决策、专家学者研究等提供参考和帮助，为促进全省新型城镇化健康发展，加快建设富裕陕西、和谐陕西、美丽陕西发挥积极作用。

杨冠军

2014 年 3 月 29 日

前　言

陕西省位于中国内陆腹地，居于连接中国东、中部地区和西北、西南的重要位置，是中华文明的发祥地之一。陕西省地域狭长，地势南北高、中间低，从北到南依次分为陕北高原、关中平原、秦巴山地三个地貌区，形成陕北、关中、陕南三大独特地理单元。全省总面积20.58万平方公里，设10个省辖市和杨凌农业高新技术产业示范区，有3个县级市、80个县和24个市辖区，1581个乡镇，2012年底全省常住人口为3753.09万人，实现地区生产总值14451亿元。

陕西省的城镇化发展同整个国家的城镇化发展历程基本同步，整体上经历了起步、波动、快速发展三个阶段。第一阶段是起步阶段（1949～1957年）：新中国成立初期，国家开始大规模的工业建设，在陕西布局了24个国家重点建设项目，一批技术人员和科研院所迁入陕西，工矿企业开始在农村招工，城镇化开始起步。“一五”期间，陕西净迁入人口150万人，绝大部分为城镇人口，全省城镇非农业人口211.4万人，城镇化水平11.73%。第二阶段是波动阶段（1958～1977年）：由于“大跃进”、“上山下乡”、“文化大革命”等社会政治运动，造成了国民经济发展和工业化进程的大起大落，城镇化也出现了波折与徘徊。1960年陕西城镇化水平一度高达25.6%。“文化大革命”期间，全省城镇化水平在15.7%～16.3%之间徘徊。第三阶段是快速发展阶段（1978年以来）：随着改革开放的不断深入，陕西省城镇化进入了快速发展的时期，到2012年，陕西省城镇化水平达到50.02%，城镇人口超过农村人口。

特别是近年来，陕西省委、省政府高度重视城镇化工作，2012、2013连续两年，分别召开了加快推进城镇化和全省小城镇工作会议，先后出台了《关于加快推进城镇化的决定》、《关于加快推进城乡发展一体化促进城乡共同繁荣的若干意见》、《关于深化重点示范镇财政管理体制改革的意见》和《关于加快建设全省重点示范镇和文化旅游名镇（街区）有关事项的通知》等文件，分层次、分阶段，有针对、有重点地推动全省新型城镇化建设进入加快发展的新时期。

中央城镇化工作会议指出城镇化是一个自然历史过程，推进城镇化必须从我国社会主义初级阶段基本国情出发，遵循规律，因势利导，使城镇化成为一个顺势而为、水到渠成的发展过程。加快推进陕西省新型城镇化进程，对于全省建设西部强省，进入中等发达省份行列，在更长时期保持经济平稳较快发展具有重要战略意义。为此，陕西省住房和城乡建设厅组织开展了新型城镇化发展研究，依托省内外专业院校和知名专家，着手研究符合陕西省情的新型城镇化发展道路，并策划编写了汇集5个研究报告的《陕西省新型城镇化发展研究与实践》。

本书研究框架的提出，是基于我们对新型城镇化的内涵认识，也是基于工作实践，特别是对陕西省委、省政府在推进城镇化中好的做法和经验进行总结归纳，并结合中央城镇化工作会议精神，探讨陕西省新型城镇化的规划、模式和路径。

《陕西省新型城镇化内涵与实施路径》总结陕西城镇化的发展现状，分析存在的主要问题，研究新型城镇化的内涵和要求，针对陕西实际提出以人的城镇化为核心，以关中城市群为主体，以“建好西安、做美城市、做强县城、做大集镇、做好社区”为总体思路，因地制宜，分类推进关中、陕南、陕北三大区域发展，全面提高城镇化质量，为推动全省经济社会快速发展奠定坚实基础。

《推动关中城市群发展研究》立足共建丝绸之路经济带的时代背景和城镇化发展新形势，重新审视关中城市群现实责任，探索城市群发展新思路，构架空间发展新格局，从体制机制上加快推进关中城市群建设，全面提升关中城市群在国家“两横三纵”城镇化战略格局中的地位。

《推进陕西省城乡一体化发展研究》阐述了陕西省城乡一体化发展现状，分析了存在的主要问题，按照“城乡政策一致、规划建设一体、公共服务均等、收入水平相当”方针，以科学规划为引领，以农业现代化为支撑，以基础设施一体化和公共服务均等化为重点，以体制机制创新为突破，加快推进城乡发展一体化步伐，促进城乡共同繁荣。

《陕西省小城镇发展研究》总结了陕西省委、省政府多年来推进小城镇建设的主要做法和经验，提出以重点示范镇、文化旅游名镇、沿渭重点镇等为抓手，以关中地区作为小城镇优先推进区，因地制宜、分类引导、突出特色，完善设施配套，增强城镇综合承载力，全面推进小城镇发展。

《陕西省城镇化综合评价指标体系》研究在借鉴北京、河北、安徽等省市城镇化综合评价指标体系的基础上，结合陕西省实际，重点突出指标体系的科学性和针对性，按照“做美城市、做强县城、做大集镇、做好社区”的内涵和建设标准，分城市、县城、集镇、社区四个层次，制定城镇化综合评价指标体系，以求准确评估城市、县城、集镇、社区城镇化发展水平，引导全省各地突出重点地推进城镇化进程。

本书凝结了陕西省城镇化建设工作者的智慧与心血，希望能够对从事城镇化统筹规划与管理的政府部门，参与城镇化建设工作的规划、设计、建设等实施单位和致力于城镇化进程相关问题研究的专家学者、高校师生及社会各界等，在理论、政策等方面提供参考，在案例、方案、数据等方面予以帮助。

编委会

2014 年 3 月 29 日

目　录

第一章　陕西省新型城镇化内涵与实施路径 …… 1

一、陕西省城镇化发展现状与问题 …… 2

（一）发展现状 …… 2

（二）推进措施 …… 5

（三）存在问题 …… 10

（四）发展研判 …… 13

二、陕西省新型城镇化的内涵 …… 15

（一）以人为本，以推进人的城镇化为核心 …… 15

（二）协调发展，以优化城镇化形态为重点 …… 15

（三）产城融合，以强化城镇化动力为基础 …… 16

（四）统筹城乡，以城乡一体化发展为目标 …… 16

（五）生态文明，以城镇可持续发展为方向 …… 16

（六）传承文化，以彰显地方性特色为标志 …… 16

三、陕西省新型城镇化的发展战略 …… 17

（一）发展思路 …… 17

（二）发展目标 …… 17

四、陕西省新型城镇化的实施路径 …… 18

（一）优化城镇化的空间格局 …… 18

（二）提升关中城市群的战略地位 …… 19
（三）推进三大区域协调发展 …… 22
（四）强化城镇化产业支撑 …… 30
（五）推进城乡一体化发展 …… 30
（六）提高城镇综合承载能力 …… 34
（七）提升城镇建设水平 …… 37
五、近期重点任务 …… 40
（一）加快推进关中城市群建设 …… 40
（二）加强县城、小城镇和美丽乡村建设 …… 44
（三）着力提升城镇综合承载力 …… 48
（四）强化规划引领 …… 50
六、实施保障措施 …… 50
（一）强化督查考核 …… 50
（二）加强资金保障 …… 50
（三）创新政策体制 …… 51

第二章　推动关中城市群发展研究 …… 53

一、关中城市群建设发展的时代背景 …… 54
（一）“丝绸之路经济带”建设开启的新格局 …… 54
（二）新型城镇化战略的提出带来的新机遇 …… 55
（三）城市群逐渐成为我国区域竞争的主角 …… 56
二、建设关中城市群的战略意义 …… 58
（一）关中城市群是共建丝绸之路经济带的战略支撑点 …… 58
（二）关中城市群是全国区域协调发展的重要增长极 …… 59
（三）关中城市群建设是陕西省推进城镇化的引擎 …… 60
（四）关中城市群建设是加快陕甘宁革命老区发展的迫切需求 61

三、关中城市群建设发展优势与存在问题 …… 61
（一）关中城市群发展现状 …… 61
（二）关中城市群建设发展优势 …… 63
（三）关中城市群建设存在问题 …… 65
四、关中城市群的规划范围、目标定位与发展策略 …… 74
（一）原规划范围 …… 74
（二）拓展规划范围 …… 75
（三）目标定位 …… 78
（四）发展策略 …… 79
（五）发展目标 …… 79
五、推进关中城市群建设发展的实施路径 …… 80
（一）建设丝绸之路经济带的交通枢纽中心 …… 80
（二）打造中华文化和华夏文明展示中心 …… 84
（三）推进新型城镇化发展，促进区域城乡一体化 …… 87
（四）加快军民融合型产业发展 …… 88
（五）加快优势产业升级，加强产业协作与分工 …… 90
六、关中城市群建设发展的近期行动 …… 92
（一）近期目标 …… 92
（二）重点任务 …… 93
（三）保障措施 …… 101

第三章　推进陕西省城乡一体化发展研究 …… 105

一、城乡一体化理论与实践探索 …… 106
（一）城乡一体化的内涵认知 …… 106
（二）外省的探索与实践 …… 107
（三）陕西的探索与实践 …… 108

二、陕西省城乡一体化现状与问题 …… 110
（一）发展现状 …… 110
（二）存在问题 …… 113
三、陕西省推进城乡一体化的总体思路和发展目标 …… 117
（一）总体思路 …… 117
（二）发展目标 …… 117
（三）推进重点 …… 119
四、陕西省城乡一体化发展的实施路径 …… 120
（一）建立统筹城乡发展的规划体系 …… 120
（二）突出重点、分类指导，推进城乡一体化发展 …… 123
（三）建立城乡一体的居民点体系 …… 129
（四）突出以农业现代化为主的产业支撑 …… 130
（五）建立城乡一体的基础设施体系 …… 131
（六）建立城乡均等的公共服务设施体系 …… 132
（七）促进城乡生态保护与文化传承 …… 134
（八）加强城乡一体化的体制机制创新 …… 136
五、实施保障措施 …… 137
（一）健全工作机制 …… 137
（二）加强统筹协调 …… 138
（三）加强资金保障 …… 138

第四章　陕西省小城镇发展研究 …… 141

一、陕西省小城镇发展现状 …… 142
（一）发展回顾 …… 142
（二）总体特征 …… 151
（三）存在问题 …… 156

二、陕西省小城镇发展趋势研判 …… 157
（一）国家层面 …… 157
（二）省域层面 …… 159
（三）发展启示 …… 160
三、陕西省小城镇发展战略 …… 161
（一）发展思路 …… 161
（二）发展原则 …… 161
（三）发展目标 …… 162
四、推进陕西省小城镇建设的实施路径 …… 163
（一）强化推进特色——择优培育、以点带面 …… 163
（二）打造空间特色——空间集群、全局发展 …… 168
（三）凸显地域特色——三大区域、分类引导 …… 173
（四）营造风貌特色——传承文脉、突显个性 …… 176
（五）夯实产业特色——融合资源、借力发展 …… 179
五、陕西省小城镇建设的近期行动 …… 186
（一）近期重点任务 …… 186
（二）实施保障措施 …… 190

第五章　陕西省城镇化综合评价指标体系 …… 193

一、国内相关实践分析 …… 194
（一）北京市 …… 194
（二）河北省 …… 194
（三）江西省 …… 194
（四）湖南省 …… 195
（五）安徽省 …… 195
（六）成都市 …… 195

二、陕西省城镇化综合评价指标体系构成及构建原则 …………… 196
（一）代表性原则 …………………………………………… 196
（二）针对性原则 …………………………………………… 196
（三）独立性原则 …………………………………………… 197
（四）可比性原则 …………………………………………… 197
（五）易获取性原则 ………………………………………… 197
三、做美城市综合评价指标体系 ……………………………… 197
（一）做美城市内涵 ………………………………………… 197
（二）做美城市标准 ………………………………………… 198
（三）量化指标体系 ………………………………………… 198
四、做强县城综合评价指标体系 ……………………………… 201
（一）做强县城内涵 ………………………………………… 201
（二）做强县城标准 ………………………………………… 202
（三）量化指标体系 ………………………………………… 202
五、做大集镇综合评价指标体系 ……………………………… 205
（一）做大集镇内涵 ………………………………………… 205
（二）做大集镇标准 ………………………………………… 206
（三）量化指标体系 ………………………………………… 206
六、做好社区综合评价指标体系 ……………………………… 209
（一）做好社区内涵 ………………………………………… 209
（二）做好社区标准 ………………………………………… 209
（三）量化指标体系 ………………………………………… 210
七、考评办法 ………………………………………………… 212
（一）分类考核 ……………………………………………… 212
（二）组织实施 ……………………………………………… 212

参考文献 ……………………………………………………… 213

第一章

陕西省新型城镇化内涵与实施路径

城镇化是现代化的必由之路，是解决三农问题的重要途径，是扩大内需、促进区域协调发展的重要抓手。按照党的十八大和十八届三中全会精神，依据中央城镇化工作会议要求，正确理解新型城镇化的内涵和本质，针对陕西实际提出行之有效的实施路径，对推动全省新型城镇化健康发展、建设“三个陕西”①、实现全面小康、打造西部强省具有重要意义。

① “三个陕西”即“富裕陕西、和谐陕西、美丽陕西”。“富裕陕西”就是提高经济增长的质量和效益，实现“三强一富一美”目标，全面建成小康社会。“和谐陕西”就是不断地改善民生，调节好社会各个阶层、各个群体的利益关系，做到公平正义和效率兼顾，让人民顺心满意地工作生活。“美丽陕西”就是要保护好赖以生存的生态环境，做到人与自然和谐相处，实现绿色、循环、低碳可持续发展，基本建成资源节约型和环境友好型社会。“三个陕西”是“中国梦”在陕西的具体实践，是陕西人实现“中国梦”的“陕西梦”。

一、陕西省城镇化发展现状与问题

（一）发展现状

1. 城镇化进入快速增长阶段

2000～2012年，陕西省城镇化率由32.27%增长到50.02%，年均增长1.48个百分点，高于全国平均增长速度1.36个百分点，也高于四川（1.40）、青海（1.06）、贵州（1.04）和新疆（0.85）等多个西部省（自治区）的平均增长速度（图1-1），城镇化发展进入了快速增长阶段。

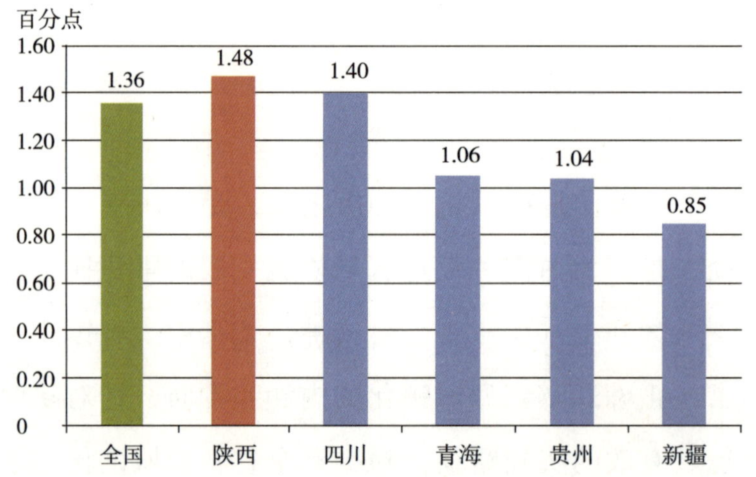

图1-1 2000～2012年陕西与部分西部省份城镇化增长速度对比

数据来源：中国及各省统计年鉴

2. 城镇化的空间聚集特征明显

根据陕西省历年统计年鉴和统计公报数据显示，2000～2012年，全省城镇人口增加了714万人，其中大中城市市区人口增加了277万人，占全省城镇人口总增加量的38.8%（图1-2）；西安市区城镇人口增加179.3万人，占全省25.1%，且占西北地区省会城市城镇人口增长总量的45%（图1-3）。

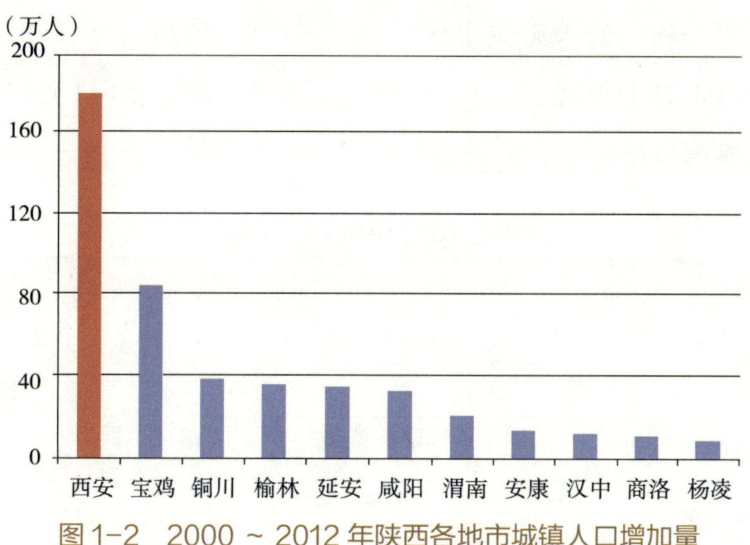

图 1-2　2000 ~ 2012 年陕西各地市城镇人口增加量

数据来源：陕西历年统计年鉴

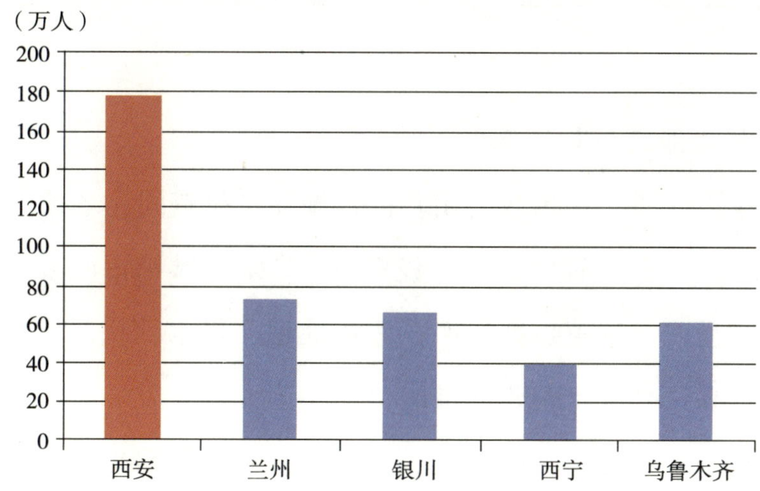

图 1-3　2000 ~ 2012 年西安与周边省会城市城镇人口增加量

数据来源：各省历年统计年鉴

3. 城镇等级规模结构逐步完善

根据陕西省第五、第六次人口普查数据统计，2010年，宝鸡、咸阳两市市区常住人口超过50万，榆林、延安、安康三市市区常住人口超过20万；与2000年相比，城镇体系中间层次弱缺现象得以改善，以西安国际化大都市为核心的关中城市群，大、中、小城市、小城镇组成的金字塔形城镇体系基本形成，城镇体系结构趋于合理（表1-1），区域性中心城市的集聚辐射作用逐步增强。

陕西城镇等级规模结构变化　　表1-1

市区常住人口（万人）	2000年	2010年
＞100	西安	西安
50~100	—	宝鸡、咸阳
20~50	宝鸡、咸阳、渭南、汉中、铜川、兴平	榆林、铜川、汉中、延安、渭南、安康、兴平
10~20	安康、延安、榆林、商洛、杨凌、部分县城	商洛、韩城、杨凌、部分县城
<10	若干	若干

资料来源：陕西第五、第六次人口普查数据。

4. 城镇功能进一步完善

2012年，全省城镇市政公用基础设施建设投资同比增长24.24%，达到645.19亿元，占全省固定资产投资的5.03%；城镇市政公用设施实现县城以上全覆盖，城镇垃圾处理、污水处理、供水、供气、供热等设施水平大幅提高。伴随城镇化的推进，民生事业加快发展，城镇新增就业超过194.7万人，城市、县城和重点镇气化率分别达到81%、40%和22%；在教育、医疗、卫生、文化、体育、养老、就业和社会保障等领域建成了一大批基本公共服务设施，有效推进了城乡公共服务设施一体化进程。

5. 小城镇综合承载力显著增强

2011年，陕西省委、省政府决定，选择31个重点示范镇，进行重点建设。两年多来，重点示范镇累计开工建设项目1525个，完成投资261.2亿元。31个重点示范镇镇区面积扩大14.8平方公里，吸纳进镇人口15.38

万人，提升全省城镇化水平0.4个百分点。同时，全省也逐步涌现出一批文化旅游名镇、现代产业镇等各具特色的示范镇，带动作用显著增强。

（二）推进措施

1. 加强政策引导

陕西省委、省政府高度重视城镇化工作，先后出台了《关于加快推进城乡发展一体化促进城乡共同繁荣的若干意见》（陕发〔2013〕1号）、《关于加快推进城镇化的决定》（陕政发〔2012〕58号）、《关于加快建设全省重点示范镇和文化旅游名镇（街区）有关事项的通知》（陕办字〔2013〕43号）等相关文件。同时，根据《国家主体功能区规划》、《西部大开发“十二五”规划》、《关中—天水经济区发展规划》及《陕甘宁革命老区振兴规划》等国家战略规划，组织编制了《陕西省城镇体系规划（2006-2020年）》、《关中城市群建设规划》、《陕北能源化工基地城镇体系规划》、《陕南地区城镇体系规划》和《陕西省“十二五”城镇化发展规划》等规划，为城镇化发展提供了政策保障和规划导引。

【案例】《陕西省“十二五”城镇化发展规划》

“十二五”期间，陕西以西安国际化大都市建设为核心，以宝鸡、渭南、榆林、汉中次核心城市为四极，重点发展陇海铁路和连霍高速公路沿线，西包—西康铁路和包茂高速公路沿线两条城镇发展轴，以及陕北长城沿线和陕南十天高速及阳安铁路沿线两条城镇带，构建“一核四极，两轴两带”的城镇发展空间结构。

主要有五项重点任务：一是按照“组团布局发展、快捷交通连接、优美小镇点缀、现代农业衬托”理念建设西咸新区；二是重点建设宝鸡、渭南、榆林、汉中等省际毗邻区域中心城市，同时增强铜川、延安、安康、商洛、杨凌等城市的承载能力和辐射功能；三是加强县城市政设施和公共服务设施建设，促进县域城镇化发展；四是以重点示范镇标准化建设为抓手，打造布局合理、规模适度、功能健全、环境整洁的全省小城镇示范样板；五是加强新型农村社区建设，打造农民幸福家园。

2. 明确推进思路

按照全力建好核心区、积极培育增长极、抓好县域城镇化、推进管理精细化的方针，以“建好西安、做美城市、做强县城、做大集镇、做好社区”为总体思路，积极稳妥地推进城镇化进程。以西咸新区建设为突破，建好大西安，发展城市群，带动大关中，引领大西北；重点发展宝鸡、榆林、汉中、渭南等发展基础好、增长潜力大的城市，建设成为具有较强带动影响力的区域中心城市；省政府出台了《关于加快县城建设的意见》（陕政办发〔2010〕96号），并先后选择了43个县、35个重点示范镇和31个文化旅游名镇（街区）进行重点建设，同时选取了16个市级重点镇进行跟踪指导考核，全面推进县域城镇化发展。以智慧城市、低碳城市、生态园林城市建设为切入点，实现城市管理向规范化、精细化转变，提高城市管理效能。

3. 形成推进合力

强化发展支撑。加大以交通、绿化、给水排水、供气供暖、污水垃圾处理设施为主的基础设施和以教育、医疗等为重点的公共服务设施建设，加强设施支撑，强化城镇功能；因地制宜布局产业项目，支持引导县域产业园区规划建设，推进产城融合，促进城镇化与工业化、信息化和农业现代化四化并举，协同发展。

加强住房保障。“十二五”期间，陕西省将建设210万套保障性住房，保障性住房覆盖面达到全省城镇家庭的23%，城镇低收入家庭住房困难问题将得到基本解决。在具体推进过程中，采取“三个结合，协调推进”，通过保障性住房建设提升城镇化质量。一是将保障房建设与城市新区建设相结合，在新区科学布局保障性住房项目，把保障房建设作为城市新区建设的基础设施项目先行启动；二是将保障房建设和旧城改造相结合，通过保障房建设，降低旧城区建筑密度，配套完善基础设施和公共设施；三是将保障房建设与小城镇建设结合起来，拉动相关产业发展，激发小城镇活力，有力促进城镇化发展。

【案例】陕西省保障性住房建设主要做法

近年来，陕西省大力推进保障性住房建设，在全国叫响了“陕西速度”、“陕西模式”和“陕西经验”。截至2013年8月底，陕西省累计开工各类保障性住房146.89万套，竣工63.62万套，累计发放租赁住房补贴65万户，解决了112万户城镇中低收入家庭住房困难问题。主要做法有以下十个方面：

一是足额保证土地供应。根据建设需要确定用地指标，纳入土地供应计划，由市县政府单独申报，省政府单独审批，按照“特事特办、加快审批”的原则，开通用地审批“绿色通道”，简化程序。二是财政资金全力保障。三是积极创新融资模式，由省政府与省属大型国有企业陕西延长石油集团公司共同出资70亿元，成立了陕西保障性住房建设工程有限公司，解决市县保障性安居工程融资困难，共计筹措建设资金近300亿元。四是成立保障性住房管理中心，专门指导市县政府做好保障性住房的分配和后续管理工作。五是建立先进信息平台。省政府投资1.5亿元建立了功能强大、设备先进的住房保障信息平台，实现省、市、县、街道办和社区五级联网，项目建设、分配、后续管理同一平台进行。六是确定五年轮候次序。组织开展了全省中等以下收入家庭和外来务工人员、新就业职工住房调查工作，建立了210.13万户家庭的住房状况档案，确定了172.5万户保障对象，一次性确定了五年轮候次序。七是建立完善考核和督促检查机制，将保障性安居工程建设纳入省委、省政府对市县的年度目标责任考核体系，在评选优秀等次时实行“一票否决”，修订和完善了《陕西省住房保障工作评价考核暂行办法》，强化了对建成入住的考核。采取年度签订目标责任和“月排名、季点评、年度考核”等措施。八是强化质量安全。通过组建专门机构、严格建设程序、开展专项巡查、建立工程标志牌制度等形式，形成了一套行之有效的监管办法。九是“三个结合，协调推进。”把保障房建设与城市新区建设、旧城改造和小城镇建设结合起来，全面提升城镇化发展质量。十是实践创新、理论探索。对廉租住房和公共租赁住房的并轨运行管理探索总结出“统筹房源、租补分离、梯度保障、市场定价”的并轨运行的管理模式；形成了具有陕西特色的保障性住房政策、土地、资金、质量、分配、管理“六大模块”，编写了《城镇住房保障理论与实践》(图1-4)。

图1-4　商洛市江南小区保障房项目

创新体制机制。创新投资体制，积极拓宽融资渠道，引入大型企业参与保障房建设、移民搬迁等工作，省财政分别与陕西延长石油（集团）有限责任公司、陕西有色金属控股集团有限责任公司出资组建了陕西省保障性住房建设工程有限公司和陕南移民搬迁工程有限公司，有效解决了保障性住房和移民搬迁等投融资问题；实施扩权强县强镇、撤乡并镇，汉中市大河坎镇、宝鸡市蔡家坡镇列入全国行政管理体制改革试点镇，韩城市作为省内计划单列市，为省直管县体制改革探索经验。

【案例】推进重点示范镇财政体制改革

为了进一步理顺重点镇财政体制，扩大重点镇财权，增强重点镇自我发展能力，陕西省政府出台了《关于深化重点示范镇财政管理体制改革的意见》（陕政办发〔2011〕87号），对重点示范镇实施规范的分税制财政管理体制。一是适当下放经济和社会事务管理权限及财政支出责任。二是配置与其财政支出责任相匹配的财力，将重点示范镇的财政保障水平与其经济发展和财政增收相挂钩，建立对重点示范镇的激励机制。三是落实重点示范镇财政管理自主权。重点示范镇所在县区将预算编制及审批、决算编制及审批等财政管理职能一同下放重点示范镇，实现重点示范镇财政预算管理的权责统一（图1-5）。

图1-5　省级重点示范镇——西安市滦镇规划效果图

（三）存在问题

1. 城镇化发展水平偏低

2012年全省城镇化率落后于全国平均水平2.55个百分点，与广东、江苏、浙江等东部省份差距较大（图1-6）。2012年，陕西省户籍人口城

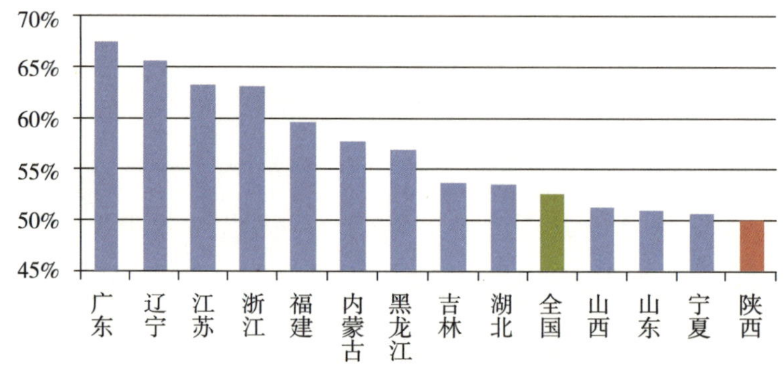

图1-6　2012年陕西与相关省份城镇化率比较图

数据来源：中国及各省统计年鉴

镇化率为38.8%，低于常住人口城镇化率11.22个百分点，这表明，被统计为城镇人口的400多万农业转移人口，未能在教育、就业、医疗、养老、住房等方面享受城镇居民的基本公共服务，城镇化发展质量有待提高。

2. 非农产业支撑仍然薄弱

陕西省单位非农产业增加值所需的社会固定资产投资较高；非农产业增加值的就业弹性显著低于福建、浙江、广东等省份。较低的投资效率和非农产业就业带动能力凸显了薄弱的非农产业支撑能力（表1-2）。

2000～2012年间陕西与东部沿海省份非农产业发展对比　表1-2

类别	社会固定资产投资增加/非农产值增加（元/元）	非农产业就业人数增加/非农产值增加（人/亿元）
陕西	7.82	443
福建	0.77	724
浙江	2.69	514
广东	1.65	1105

资料来源：《陕西省统计年鉴》和《中国统计年鉴》。

3. 城镇承载能力仍显不足

一是设施配套水平整体落后。大中城市交通拥堵问题较为突出，设施配置不均衡和承载能力不足等问题明显；小城镇基础设施配套不健全、公共服务配置水平较低等现象明显。与全国相比，陕西省城镇人均住房建筑面积、用水普及率、人均水资源量、人均公园绿地面积等多个指标偏低（表1-3）。

二是资源环境问题日益凸显。关中地区人口和产业聚集度较高，但资源集约利用水平较低，用地用水相对比较紧张，核心区交通拥挤、环境污染等问题比较突出；陕北地区水土流失、土地沙化及矿产开发造成的水资源破坏和水源污染、地表塌陷等次生环境问题突出；陕南地区建设用地普遍紧张，洪涝及泥石流灾害频发。

2012 年陕西城镇承载能力与全国的对比　　表 1-3

主要指标	陕西	全国
城镇居民人均住房建筑面积（平方米）	29.41	32.9
城市用水普及率（%）	96.15	97.16
人均耕地面积（公顷）	0.08	0.09
人均水资源量（立方米）	1041.9	2186.1
人均日生活用水量（升）	174.7	171.8
人均公园绿地面积（平方米）	11.58	12.26

资料来源：《陕西省城建统计年报》。

4. 城乡差距仍然较大

尽管近几年城乡收入及消费差距开始逐渐缩小，但差距依然明显。一是城乡居民收入水平、消费水平差距仍然较大，城乡间在社会保险、社会福利、社会救济等社会保障覆盖及保障水平上的差距明显，发展机会城乡不均等问题突出（图1-7）。二是村庄凋敝现象进一步显现。2000～2012年间，陕西省农村村庄人口平均每年减少59.5万人，村庄平均规模由990人减少到760人，200人以下的自然村占45%；学校因撤并减少25000多所，学生就学半径大大增加。

5. 城镇管理水平亟待加强

规划管理人才普遍缺乏，县及其以下乡镇更为突出，专业人才更为匮乏；规划管理手段亟待提高，信息化、智能化、精细化城镇管理手段欠缺，公众参与城镇规划与建设管理的平台亟待建立和完善。

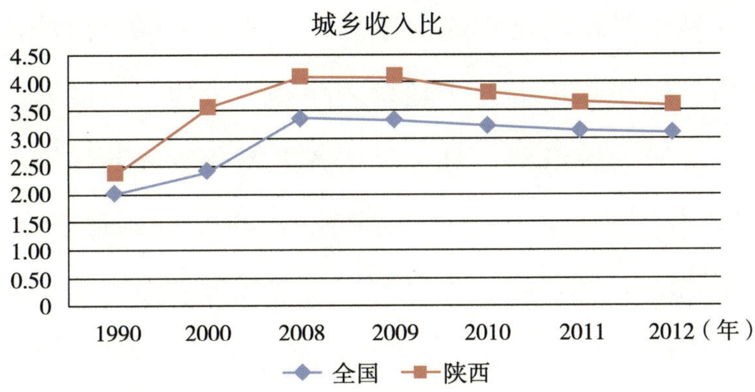

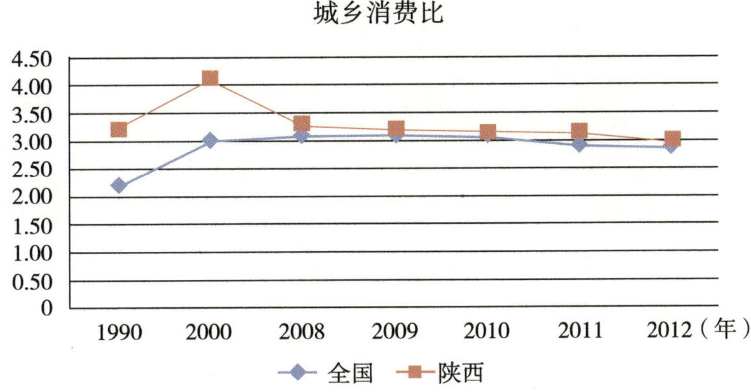

图 1-7　全国及陕西城乡收入比、消费比变化

（四）发展研判

一是城镇化发展应该坚持扩张“增量”与消化“存量”并举的方针。同东部地区比较，只有加快发展才能逐步缩小差距；在西北地区中，陕西地理环境较好、区位优越、科教资源优势突出，进一步发展的潜力仍然较大，在丝绸之路经济带建设中将发挥重要作用；从近五年发展趋势看，陕西处于加速上升阶段，今后还会保持较高增长速度；此外，对于存在较大比重的农业转移人口，今后城镇化发展必须有序推进农业转移人口市民化，逐步消化这部分“存量”人口。

二是关中城市群是城镇化的主体形态，将在丝绸之路经济带建设中发挥重要作用。关中城市群处于丝绸之路经济带的起点区域，与西北地区兰（州）西（宁）城市群、乌（鲁木齐）昌（吉）石（河子）城市群和银川平原城市群相比（图1-8），关中城市群具有地理环境、交通区位、经济基础、旅游及科教资源、人口与市场规模等方面优势，必将成为丝绸之路经济带建设的主要载体，担负着承东启西、引领发展的功能。

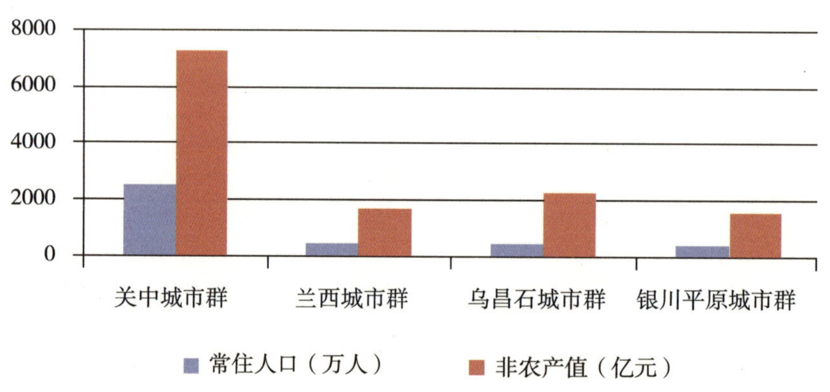

图1-8　2011年关中城市群与周边城市群比较图

注：2011年，关中城市群常住人口2583万人，非农产值7277亿元，分别是兰西、乌昌石、银川平原城市群总和的1.7倍和1.3倍

三是城镇化的推进应以强化产业支撑为基础。工业化是城镇化的根本动力，未来城镇化发展中，无论是扩张“增量”，还是“消化”存量，都需以强化产业支撑为基础。因此，今后产业发展速度和规模将决定着全省城镇化发展的速度和规模，其布局也影响着城镇化的空间格局。

四是生态宜居将成为衡量城镇化发展质量的主导指标。陕西省大部分地区属生态脆弱区，今后城镇化发展要以资源环境承载力为基础，以构建可持续的产业结构为抓手，以建设资源节约型、环境友好型社会为本质要求，将生态文明理念贯穿到新型城镇化的全过程。

五是传承历史文化是塑造城镇特色的重要途径。陕西历史悠久，文化积淀深厚，城镇化发展必须保护历史文化遗产，延续地域文化脉络，彰显城镇特色，让居民望得见山、看得见水、记得住乡愁，有文化归属感，这是陕西应该承担的传承中华传统文化的责任。

二、陕西省新型城镇化的内涵

新型城镇化是以推进农业转移人口市民化为核心，以产业支撑、人居环境、社会保障、生活方式等由“乡”到“城”的转变为标志，以生态文明为准则的集约、智能、绿色、低碳的城镇化。陕西新型城镇化的内涵包括以下方面：

（一）以人为本，以推进人的城镇化为核心

促进以“要素”和“空间”为核心的城镇化向以“人”为核心的城镇化转变，有序推进西安、宝鸡、咸阳等城市的农业转移人口市民化，稳步推进城镇基本公共服务常住人口全覆盖，促进人的全面发展和社会公平正义。

（二）协调发展，以优化城镇化形态为重点

根据资源环境承载能力因地制宜地选择城镇化推进模式，促进陕北、关中、陕南三大区域协调发展；以关中城市群为主体形态，以城镇化重点发展区为重点，推动大中小城市和小城镇协调发展。

（三）产城融合，以强化城镇化动力为基础

以大中小城市、县城和重点示范镇为依托，以产业园区为载体，引导产业集中布局和集群发展，以产业聚集带动人口聚集，强化城镇化的产业支撑，促进城镇发展与产业支撑、人口集聚相统一。

（四）统筹城乡，以城乡一体化发展为目标

充分发挥工业对农业的支持与反哺、城市对农村的辐射和带动作用，建立“以工促农、以城带乡、工农互惠、城乡一体”的长效机制，统筹城乡发展；优化农村居民点体系，推进城乡基本公共服务均等化，规范城乡资源和空间利用秩序。

（五）生态文明，以城镇可持续发展为方向

把生态文明理念全面融入城镇化进程，以资源环境容量为基础，合理控制三大区域不同城镇开发强度、发展规模和增长边界，坚持走资源节约、环境友好以及城镇布局集中、紧凑发展的生态低碳城镇化道路，创造宜居、宜业的人居环境。

（六）传承文化，以彰显地方性特色为标志

历史文化遗产是城镇化过程中的文明积淀，是城镇竞争力的重要来源，城镇化发展应根据不同地区的自然历史文化禀赋，体现区域差异性，提倡形态多样性，保护好历史文化遗产，加强对传统民居和古村落的保护，保留城镇历史记忆，彰显地方文化特色，发展具有地域特色的美丽城镇。

三、陕西省新型城镇化的发展战略

（一）发展思路

以推进城镇化健康发展为目标，坚持以人为本、四化同步、科学布局、生态文明、文化传承的原则，以人的城镇化为核心，以关中城市群为主体，以“建好西安、做美城市、做强县城、做大集镇、做好社区”为总体思路，因地制宜，分类推进关中、陕南、陕北三大区域发展，全面提高城镇化质量，为建设“三个陕西”奠定坚实基础。

（二）发展目标

1. 城镇化高质推进

至2020年全省常住人口城镇化率达到62%，户籍人口城镇化率达到50%以上。有序推进农业转移人口市民化，逐步推进城镇基本公共服务常住人口全覆盖。

2. 城镇体系进一步优化

形成“一核四极、一群多区、两轴两带、三走廊”的城镇空间格局以及“核心城市—省际毗邻区域中心城市—地区性中心城市—县城—重点镇—新型农村社区”六级城乡居民点等级体系。

3. 城镇化产业支撑增强

大中城市经济实力进一步增强，县城及重点镇特色主导产业普遍建立；产业发展和布局与城镇建设有机融合，城镇对劳动力的吸纳能力进一步提高。

4. 城乡一体化格局形成

至2015年，建设1000个以现代农业为支撑，产业发展与居住方式相协调，基础设施和公共服务设施配套完善的标准化新型农村社区①；2020年，实现新型农村社区全覆盖，城乡基本公共服务均等化，城乡一体化发展格局基本形成。

5. 综合承载力大幅提高

基础设施和公共服务设施建设配置及保障水平显著提升，“城市病”得到有效防范。至2015年，城镇综合承载能力达到全国平均水平；2020年，城镇综合承载能力达到全国先进水平。

6. 城镇化品质显著提升

城镇人居环境明显改善，城镇文化特色日益凸显。至2015年，设区城市全部建成数字化城市管理模式；2020年，所有县（市）实现城市数字化管理全覆盖。

四、陕西省新型城镇化的实施路径

（一）优化城镇化的空间格局

构建“一核四极、一群多区、两轴两带、三走廊”的省域空间新格局。“一核四极”即以西安（咸阳）为核心，以宝鸡、榆林、汉中、渭南

① 新型农村社区：是由一个行政村或若干行政村合并组建而成，通过统一规划和建设，最终形成的居住方式与产业发展相互协调、基础设施和公共服务设施配套完善的现代化农村新型聚居点。新型农村社区可根据社区与城镇规划用地范围的关系分为“城镇规划用地范围内的新型农村社区”和“城镇规划用地范围外的新型农村社区”；可根据社区所处区域分为“平原区新型农村社区”和“山地、台塬区新型农村社区”；可根据现状建设情况分为“就地改建型新型农村社区”和“异地新建型新型农村社区”。

四个大城市为区域增长极；"一群多区"即以关中城市群为主体，以神木—榆林—横山—靖边长城沿线地区、安塞—延安—富县—洛川—黄陵包茂高速沿线地区、韩城—合阳—澄城—蒲城西禹高速沿线地区、铜川—三原—富平—阎良地区、长武—彬县—乾县—礼泉福银高速沿线地区、关中西部宝鸡—蔡家坡—眉县—杨凌—兴平陇海沿线地区、关中东部渭南—华县—华阴—潼关陇海沿线地区、商州—丹凤丹江谷地地区、汉滨—汉阴月河川道地区、汉中盆地重点发展区等10个城镇化重点发展区为重点；"两轴两带"即以陇海铁路和连霍高速沿线、西包—西康铁路和包茂高速沿线为两个主轴，陕北长城沿线和陕南十天高速沿线为两个城镇发展带；"三走廊"即京昆、福银、沪陕高速沿线等三条走廊（图1-9）。

构建"核心城市—省际毗邻区域中心城市—地区性中心城市—县城—重点镇—新型农村社区"六级城乡居民点等级体系。加快建设（西咸）核心区，增强省际毗邻区域中心城市辐射影响力，提升地区性中心城市服务职能，加强县城、重点镇特色非农产业支撑，建设以现代农业为支撑的新型农村社区，构建六级城乡居民点等级体系（图1-10）。

（二）提升关中城市群的战略地位

1. 科学定位关中城市群

从关中城市群历史文化特征、区位及资源环境特点和经济社会发展潜力出发，以充分发挥关中城市群在西部大开发和丝绸之路经济带建设中的作用为目标，将关中城市群定位为：

丝绸之路经济带的战略支撑点。金融、交通物流商贸枢纽、文化科教交流核心区、高端生产要素聚集区。

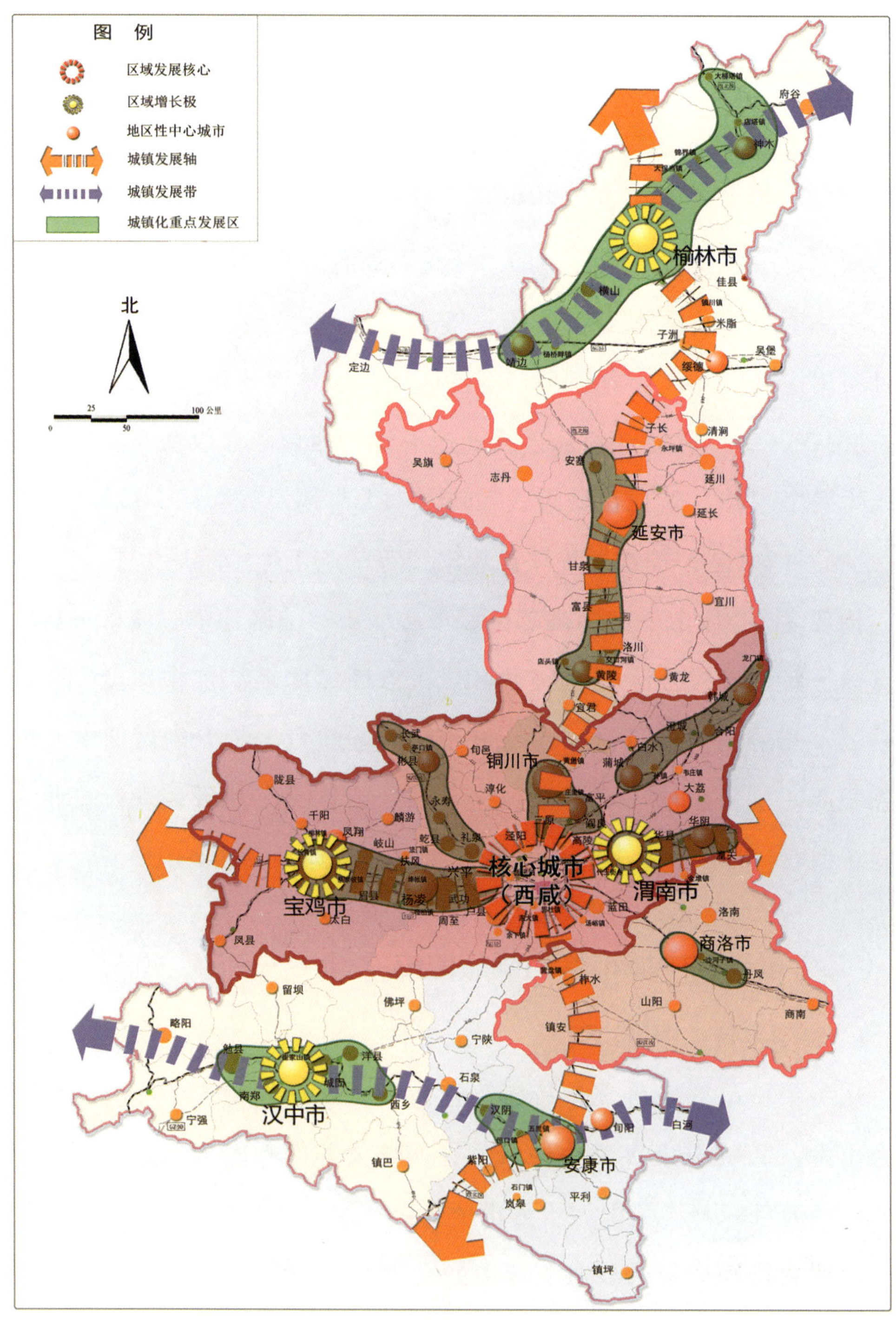

图 1-9　陕西城镇空间格局图

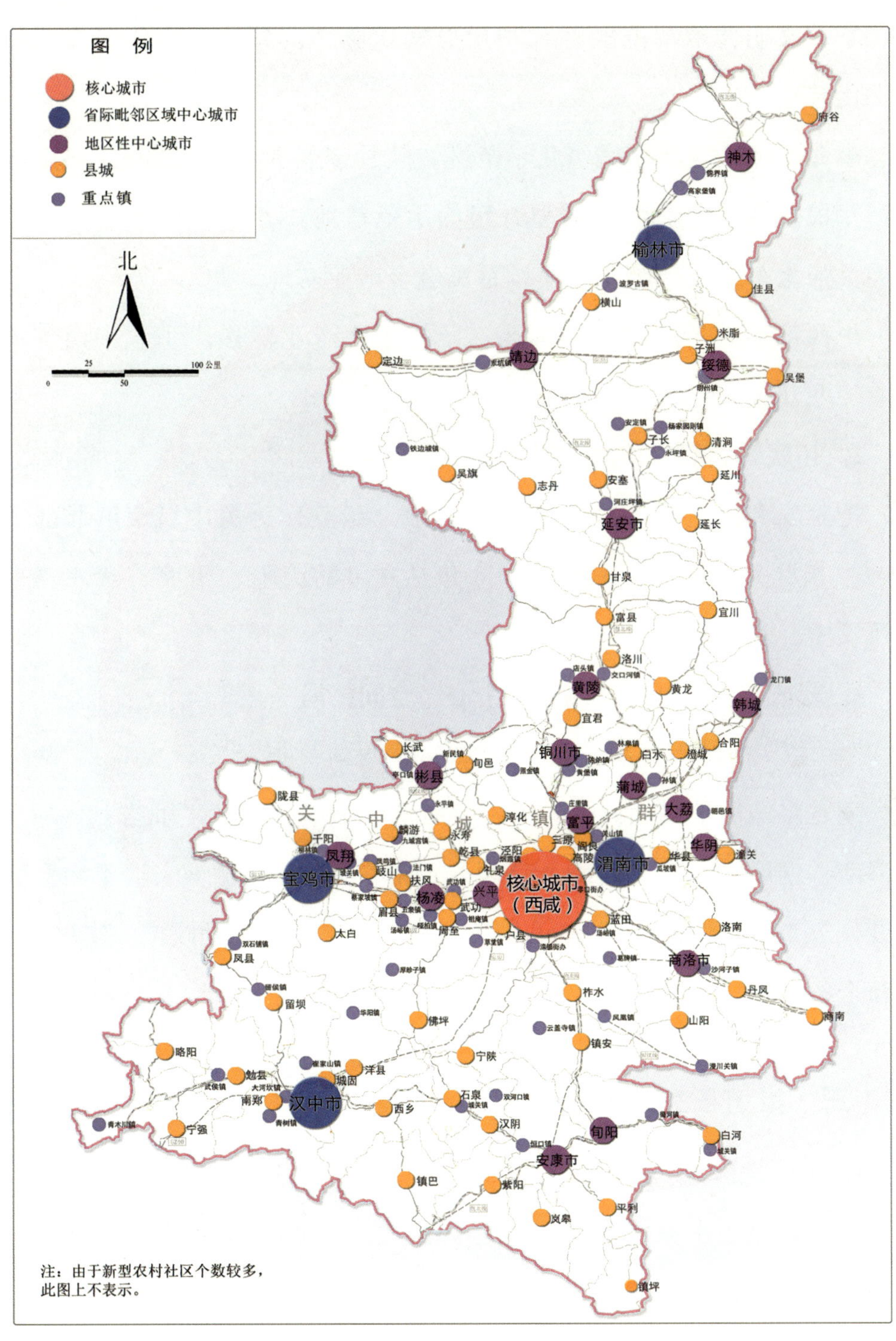

图 1–10　陕西城镇等级结构图

华夏文明传承示范区。保护历史文化遗产，建设彰显华夏文明的历史文化基地。

革命圣地推进新型城镇化示范区。陕甘宁老区城乡统筹先行先试区。

军民融合型产业结构转型升级的示范基地。推进国防装备产业升级发展，强化军品配套产业，建设军民融合产业基地。

中西部地区产业发展引领区。承接东部产业转移，引领中西部地区产业转型升级。

2. 拓展规划范围和辐射范围

把延安和商洛纳入规划范围，其中，延安作为关中城市群北部支点之一；拓展关中城市群辐射范围，包括甘肃的庆阳、平凉、天水三市，陕西汉中、安康两市等。

3. 形成“一主两副、两带多中心”空间格局

“一主”指城市群核心区（西咸）；“两副”指延安、宝鸡；“两带”指丝绸之路经济带陕西段主轴带、革命圣地—华夏古都主轴带；“多中心”指渭南、铜川、商洛、杨凌、韩城等（图1-11）。通过城市群十字形框架建设，支撑国家“两横三纵”城镇化战略格局，辐射带动陕南、陕北地区，引领全省城镇化健康发展。

（三）推进三大区域协调发展

1. 关中地区——以城市群建设为重点

重点建设关中城市群。以核心区建设为重点，全面推进智慧城市建设，加强城市间信息交流，推动城市间协同互动，促进城市间要素自由流动、资源高效配置、基础设施对接、产业协作配套、公共服务均等，

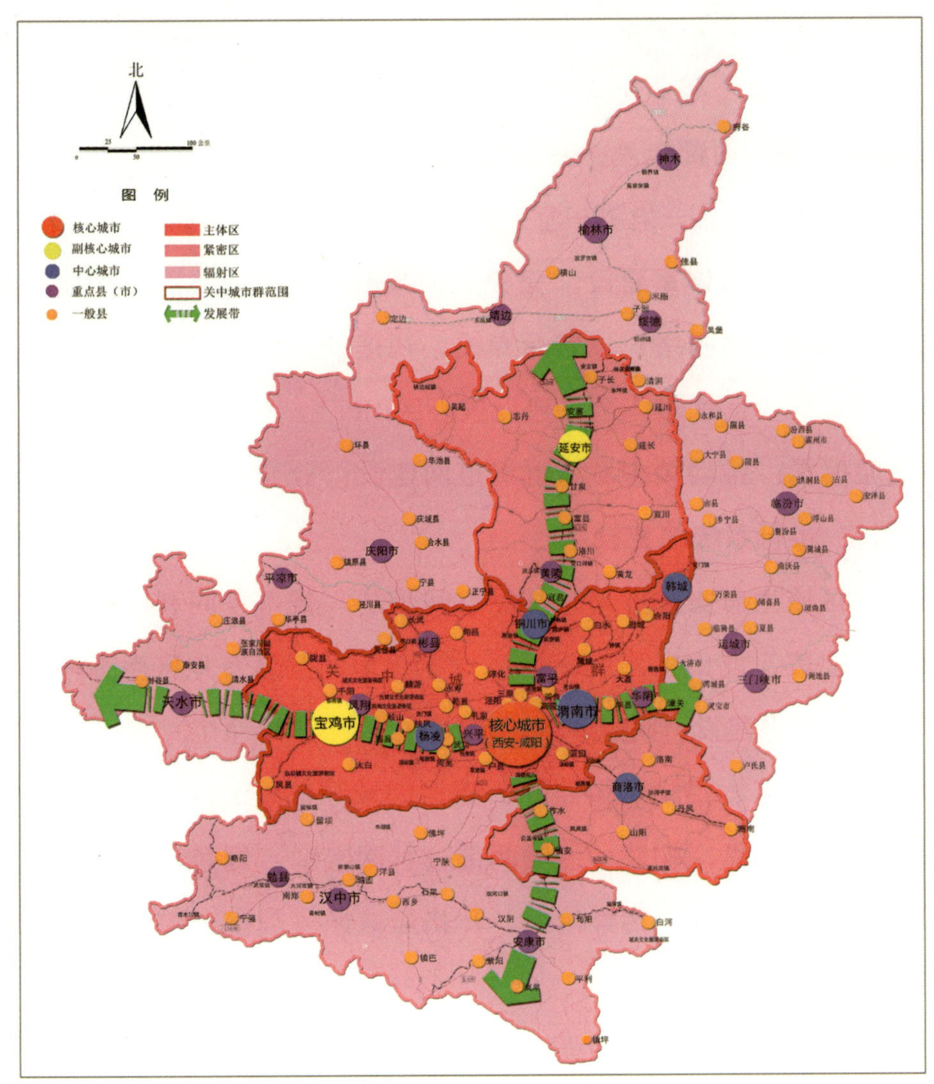

图 1-11　关中城市群空间格局图

形成结构有序、功能互补、整体优化、共建共享、城乡共荣、区域一体的发展格局，打造丝绸之路经济带战略支撑点，辐射带动陕南、陕北地区，引领全省城镇化发展。

建设沿渭城镇带和城镇化重点发展区。以沿渭县城、省级重点示范镇和市级重点镇为依托，推进沿渭城镇带建设；以强化产业支撑，增强城镇化动力为核心，重点建设韩城—合阳—澄城—蒲城西禹高速沿线地区、铜川—三原—富平—阎良地区、长武—彬县—乾县—礼泉福银高速沿线地区、关中西部宝鸡—蔡家坡—眉县—杨凌—兴平陇海沿线地区、关中东部渭南—华县—华阴—潼关陇海沿线地区等5个城镇化重点发展区。

加强综合交通体系建设。完善关中城市群高速公路网，构建开放式网络化的高速公路网络；以客运专线、快速铁路、城际铁路为重点，构建内连外达的快速铁路体系；建设核心区BRT①，在宝鸡和渭南两市推行BRT交通模式；推动关中城市群绿道网建设，强化城镇内部公共自行车交通系统、步行系统的建设。

构筑区域生态安全格局。加强空间管制，规范空间利用秩序。重点加强秦岭北坡、北山、渭河沿岸、国家级黄河湿地等地区生态环境保护治理，加强生态建设。同时，依托森林公园、自然保护区、风景名胜区、河流、大遗址区、沿山旅游路等，建设区域绿道系统，划定生态红线和城市用地增长边界，构建“一轴两带、林网嵌套、绿色环绕”的区域生态安全格局；加强环境污染治理，严格压减燃煤规模，控制水泥、煤化工等重污染企业布局。

彰显历史文化特色。加强历史文化名城、名镇、名村保护，协调大遗址保护与城镇发展建设的关系，促进形成历史文化遗产密集区与城市密集区有机协调、交相辉映、文化特色鲜明的城市群；继续推进丝绸之路申遗工作，加强丝绸之路沿线的文物古迹、非物质文化遗产保护工作，进一步提升关中城市群的历史文化影响（图1-12）。

---

① BRT：快速公交系统（Bus Rapid Transit）简称BRT。

图 1-12 西安市钟楼

2. 陕北地区——以产城融合和生态城镇建设为重点

积极推进产城融合。加强产业园区道路交通、给水排水、供气供暖等生活居住设施配套和条件改善，完善城镇生产、居住、服务等功能，促进产城融合；通过延伸产业链，促进产业转型升级，带动劳动就业和人口转移，推动城镇化发展。

优先发展重点区域。以资源环境承载力为前提，依托县城和重点镇，选择生态环境较好，水资源和用地条件相对较优的区域，实施重点发展，引导农村人口就地转移，推进县域城镇化发展。重点建设神木—榆林—横山—靖边长城沿线和安塞—延安—洛川—黄陵包茂高速沿线两个城镇化重点发展区。

加强生态环境保护。继续做好水土流失、土地荒漠化治理和退耕还林，强化城镇防护林带建设，推进生态城镇建设；加强水资源保护，推动节水和水资源循环利用，依据水资源承载力确定产业发展方向和城镇发展规模。

彰显地域文化特色。 加强历史文化名城名镇名村保护，充分利用黄土自然景观、历史文化遗迹和地域人文风情资源，深入挖掘“两黄两圣”[①]文化内涵，发展旅游及文化产业，使城镇化的发展彰显陕北地域文化和产业特征（图1-13）。

图1-13 延安市黄陵县黄帝陵

提升城镇管理水平。 充分调动城镇居民参与城市规划和管理的积极性与创造性，通过行使知情权、参与权和监督权更直接、更深入地参与城市规划和管理。提升居民城市意识、环境意识、交通意识和公德意识，增强居民的自律意识和社会责任感，形成全民动员、全民参与的城镇规划管理工作新格局，促进城镇规划管理部门提高决策质量和管理水平。

3. 陕南地区——以城镇建设引领区域发展

综合协调，统筹推进。 把陕南移民搬迁、重点示范镇建设、保障性住房建设、农村危房改造等政策结合起来，科学规划，整合资源，统筹

① “两黄两圣”：黄河壶口瀑布，黄土风情文化，中华民族圣地，中国革命圣地。

推进，促进移民建镇，加快城镇化发展。

【案例】陕南移民搬迁稳步推进

陕南移民搬迁是从根本上解决陕南环境恶劣地区群众居住安全和生存发展的宏大民生工程，也是加快推进城镇化进程和城乡一体化发展的重大战略举措。依据《陕南地区移民搬迁安置工作实施办法（暂行）》（陕政办发【2011】67号），陕南移民搬迁的范围和对象包括地质灾害移民搬迁、洪涝灾害移民搬迁、扶贫移民搬迁、生态移民搬迁和工程移民搬迁等五种类型。陕南移民搬迁实施3年以来，采取与保障性住房、重点示范镇、农村危房改造、村庄整治、新型农村社区建设有机结合的方式，逐年稳步推进，成效不断显现。2011年，陕南开工建设安置点742个，落实6万户24万人移民搬迁安置；2012年，落实8万户29.5万人搬迁；2011～2013年，共计完成移民搬迁20万户76.3万人。实施搬迁后，陕南移民由分散居住变为集中居住，教育、医疗、养老、居住条件极大改善，实现由农村向城镇迈进，由单纯依靠耕地生存向务工和发展二、三产业转变，不仅加快了陕南地区城镇化进程，更发挥出了解决群众居住安全和致富发展的两大功能。

发展产业，聚集人口。依托优势资源，培育特色优势产业，着力推进产业聚集发展和结构优化，促进县域工业集中区和现代农业园区发展，以产业聚集吸引人口集聚，壮大城镇化的产业支撑。

分类指导、非均衡发展。按照用地条件、灾害影响和生态敏感情况，划定城镇增长边界，科学确定发展规模；采取非均衡发展策略，对于交通方便、用地条件较好、自然灾害威胁较小的汉江沿线地区、商丹一体化区域①实施重点发展，综合协调，统筹推进。

【案例】分类引导陕南县城发展

为了科学推进陕南县城发展，2013年8月，陕西省政府组织了住房和城乡建设厅、发展改革委、国土资源厅等部门和有关专家对陕南25个县3个区进行逐一调研，重点围绕资源环境承载能力、县城发展规模和空间形态等方面进行了全面研究，提出了适度拓展型、控制规模型、疏解限制型三种发展模式，从而全面提高陕南县城规划和建设水平。一是加强规划分类指导。对于适度拓展型县城，如南郑、西乡、汉阴等，要按照中央城镇化工作会议精神，在主城区减少工业用地，增加居住用地和设施用地，提升宜居环境；对控制规模型县城，如宁强、宁陕、商南等，要整理现有土地资源，划定县城空间增长边界，控制住人口和建设用地规模的上限，积极发展县域副中心镇，加快重点镇建设，完善基础设施和公共服务设施，引导人口向重点镇转移；对于疏解限制型县城，如留坝、镇坪、镇安等，要做好对外交通联系，加大县域其他小城镇配套设施建设，促进农村居民就地城镇化。二是做好土地政策分类指导。对适度扩展型县，在安排新增建设用地计划时适当予以倾斜；对控制规模型县，统筹安排建设用地增量指标和存量指标，结合"撤县设区、撤乡并镇"

---

① 按照《商洛市城市总体规划（2011—2020）》，商丹一体化区域范围包括商州区城关镇街道办事处、大赵峪街道办事处、刘湾街道办事处、陈塬街道办事处、杨峪河镇、沙河子镇（含张村）、夜村镇（含白杨店、孝义）、丹凤县的龙驹寨镇、棣花镇、商镇，面积约1120平方公里。规划将丹凤县城纳入中心城区，推进商丹一体化发展，构建商丹组合城市，并以丹江为城镇发展轴线，以商州城区和丹凤城区为重点，形成"两城、三镇、四区"的哑铃型城市结构，建设陕西东南秦岭腹地中心城市。

等工作，进一步优化国土空间布局，加快发展县域副中心；对疏解限制型县，尽量不安排使用新增计划，发挥土地规划在县城建设中的引导作用和管控作用（图1-14）。

图1-14　商洛市柞水县城

加强生态环境保护。依据《陕西省秦岭生态环境保护条例》（2007年11月）和《陕西省主体功能区规划》（2013年4月），开展以秦巴山区森林生态和生物多样性保护为主要内容的综合治理，划分城乡居民点建设空间，加强空间管制；建立生态补偿机制，推进汉丹江流域水环境综合治理，强化水源地保护；加大污染防治和生态保护修复力度，积极做好山洪和地质灾害防治、病险水库除险加固和矿山地质环境恢复治理。

调整优化行政区划。加快行政区划调整，建立城镇化区域合作机制，合理调整镇村规模，对吸纳人口多、经济实力强的镇，可赋予同人口和经济规模相适应的管理权，建设县域副中心城市；重点支持人口较少、面积小、自然条件较差的镇村合并。

（四）强化城镇化产业支撑

激发城市创新创造能力。顺应科技进步和产业变革新趋势，发挥西安、宝鸡、咸阳、杨凌等城市科技、教育和人才资源优势，激发全社会创新活力，推动技术创新、商业模式创新和管理创新，引导创新资源向企业集聚，推进产业创新发展。发挥城市创业平台作用，简化审批手续，营造良好创业环境，降低创业投资成本，激发创业活力，培育创新集群，推动创业发展。

大中小城市和小城镇合理分工。大城市重点发展先进制造业、战略性新兴产业和现代服务业，中小城市重点发展制造业和地方特色资源加工业，县城和重点镇发展农副产品加工业和传统制造业，构建特色鲜明、优势互补的产业发展格局。

三大区域错位发展。形成“关中先进制造、陕北能源化工、陕南绿色产业”发展格局。关中地区以国家级产业园区为载体，瞄准高新技术产业与先进装备制造业，辐射带动现代服务业，培育优势产业集群；陕北地区以建设国家能源化工基地为目标，延伸产业链条，实现由资源开发为主向开发与深度转化并重转移；陕南地区重点建设循环经济产业示范区，以“生态、集约、环保、节能、安全”为原则，着力打造循环经济产业链。

（五）推进城乡一体化发展

科学规划统筹城乡发展。推进经济社会、城市和土地利用规划“三规合一”试点，科学编制市、县域及城镇化重点发展区城乡一体化总体规划，同步规划城镇和农村发展和建设布局，形成城乡居民点体系、产业发展、基础设施、公共服务等规划全面覆盖、相互衔接的城乡规划新体系；用城乡规划一体化带动资源和空间利用、城乡居民点体系优化、产业发展和布局、城乡基础设施和生态环境建设、城乡公共服务、城乡社会管理一体化。

引导农村居民就地城镇化。以培育特色产业、加强基础设施和公共服务设施为抓手，加快推进县城、重点示范镇、文化旅游名镇建设，使之成为农民就地城镇化的主要载体。同时，重点引导陕南、陕北地区通过移民搬迁和劳务输出，因地制宜地推动农村劳动力转移。

加强和完善城乡基础设施。建设和完善连接城市—县—镇—村的道路体系，打通农村与城市的道路脉络，促进城乡之间人流、物流、信息流的高效流动，推动农村发展；大力推进农村给水排水、电力、环卫等市政设施建设，积极推动小城镇和新型农村社区燃气系统建设，改善农村居民生活环境，提升农村居民生活质量。

【案例】西乡县推进城乡一体化发展

近年来，西乡县坚持“以人为本、科学发展”理念，以民生改善、品位提升为重点，大力实施城镇化发展战略，统筹城乡发展，努力打造“生态、宜居、文明”的汉中东部区域强县（图1-15）。

一是强化规划工作。近年来，先后编制完成了城乡一体化规划、镇域村庄建设规划、县城控制性详细规划，以“北优、南扩、西展、东进”为发展思路，以优化空间格局和打造绿地景观系统为重点，推进县城改造升级、加快水东新区县城副中心、重点镇和示范镇建设，全面统筹城乡发展。

二是强化基础设施。近三年来，累计投入资金10.5亿元，先后新建了城白、希望等道路，完成了“一河两岸”河堤治理工程，实施了汉白路过境段、鹿龄路全段综合改造、绿化及亮化工程，建成污水处理厂、垃圾处理场等重点工程，完成了城市供气、环卫设施改造、城市排污管网建设、城市内涝区治理、城区破损路面修补、背街小巷硬化等一批基础设施工程，有效改善了人居环境，提升了城市承载能力和服务水平。

三是强化城市管理。持续开展城市市容环境综合整治，实行交警、城管联合执法，扎实开展“严管街”行动；统一设立广告宣传牌，不断强化城市市容管理整治；加强建筑渣土治理工作，指导各建设工地积极创建文明工地、规范散装运输车辆运输行为，并加强节假日城市管理，着力培养居民的文明意识、卫生意识、秩序意识，有效提升了市民群众的综合素质。

四是民生工作，营造社会和谐。结合地块开发、旧城改造，建设规模合理的经济适用房、公租房和廉租房，重点解决中低收入群体的住房困难，累计完成投资达9.5亿元，开工建设各类保障性住房达6391套。

五是强化镇村建设，统筹乡村发展。近两年来，累计完成投资2.28亿元，先后完成堰口省级重点镇，杨河、沙河、峡口、白龙塘、茶镇、高川6个市级示范镇建设；完成农村危房改造15742户，并持续开展农村环境整治工作，全面落实“清洁工程”项目，目前该县覆盖村庄已达100个村，并重点抓好杨河镇高土坝市级示范村建设和10个县级示范村的综合整治工作，农村生产生活条件得到显著改善，人居环境进一步优化。

图 1-15　西乡县县城

推动城乡基本公共服务均等化。配合农村居民点体系优化重构，优化配置城乡教育资源，科学实施农村中小学撤并改造计划；完善新型农村合作医疗制度，全面推行省内异地结算，积极探索省外异地结算，稳步推进职工医保、城镇居民医保和新农合统筹补偿。

加快美丽乡村建设。加快农村地区基础设施建设，加大环境治理和保护力度，打造生态环境优美、村容村貌整洁、产业特色鲜明、社区服务健全、乡土文化繁荣、农民生活幸福的美丽乡村。同时，加强古村落保护，保留原始风貌，延续村庄历史文脉（图1-16、图1-17）。

图 1-16　西安市上王村

图1-17 安康市平利县农村

（六）提高城镇综合承载能力

1. 加强城镇发展空间管制

转变城镇发展理念和发展方式，摒弃一味“做大”的发展思想，城镇发展必须节约资源，保护生态环境，注重城镇建设和资源综合利用的有机统一，将节能、节水、节材、节地和资源综合利用贯穿到城镇发展和建设的全过程，保持资源环境对发展的承载能力；科学确定城镇增长边界。要因地制宜，按照主体功能区规划要求，依据资源环境承载力合理确定城镇增长边界，优化城镇空间布局。

2. 构建综合高效的交通体系

完善省内民航体系，加强与国内城市之间航空线路建设，开通欧亚国际客货运航线，打造丝绸之路经济带空中走廊；加强关中城际快速铁路系统建设，强化关中城市群与毗邻地区间的铁路联系；构建连接市、县（区）的高速公路网，加强中小城市和小城镇的对外联系；落实“公交优先”战略，在城市新区推行BRT；大力推进西咸城市地铁、轻轨建设；加快城市步行、自行车交通系统建设，倡导绿色交通。

3. 加强市政基础设施建设

编制完善全省城市市政基础设施建设规划（图1-18）。在设区市启动城市综合管沟建设，在大城市新区推进综合管沟建设，中小城市重点地段进行综合管沟试点；加强水源地保护，进一步提升节水技术运用水平，提高城镇污水处理率，推动城市雨水、中水利用；提高城镇燃气供应能力，加快“气化陕西”二期工程向重点镇延伸；加强城镇防灾体系建设，重点做好黄、渭、汉、丹江沿岸城镇防洪设施建设，陕南滑坡、泥石流和山洪灾害防治，陕北崩塌、滑坡和采空区塌陷治理。

图 1-18　西安市曲江水厂沉淀池

4. 增强城镇住房保障能力

积极探索适合省情、符合发展阶段性特征的住房模式。加大廉租房、公租房等保障房建设和供给，做好棚户区改造，构建以政府为主提供基本保障、以市场为主满足多层次需求的住房供应体系；全面推行廉租房、公租房并轨管理。制定公平合理公开透明的保障性住房配租、配售政策和监管程序，降低保障性住房准入门槛，将新就业大学生、外来务工人员和农村进城落户居民纳入保障范围，有效提高住房保障水平。

【案例】铜川——推进保障性住房建设推动城镇化发展

铜川是典型的资源型城市，多年的煤炭开采造成了大量沉陷区、滑塌区和棚户区，低收入困难群众较多且住房条件较差。铜川从2003年起在全省率先启动了棚户区改造工程和沉陷区、滑塌区整体搬迁工程，切实将棚户区改造与保障性住房建设相结合。近年来，全市拆除危旧房屋82万平方米，在建保障性住房4.4万套，累计建成保障性住房261万平方米，3.45万户、12万困难群众已迁入新居。同时，铜川把保障性住房建设作为推进城镇化的重要抓手，一方面加大铜川北市区棚户区改造和滑塌区、沉陷区治理力度，另一方面结合新区开发建设、将保障性住房建设的重点转移到新区，聚集新区人气，建成了朝阳、阳光等一批保障性住宅小区，对在建的锦绣园等四个保障性住房小区进行统一规划整合，项目建成后将占地2097亩，建筑面积351万平方米、4.14万套，可以吸引聚集15万人口入住，能够引导北市区人口有计划向新区转移，降低了北市区人口密度，有效缓解了城市基础设施的压力（图1-19）。

图1-19 铜川市锦绣园保障房项目

5. 提升城镇公共服务水平

重点优化教育、医疗、文化等公共设施布局，合理配置中小学和幼儿园教学资源，全面提升学校标准化和教育信息化水平，规划建设居民社区文化站（室）、体育健身场地等设施（图1-20），扩大城市公共生活空间；完善老龄设施和无障碍设施建设，加快构建以社区医疗卫生服务中心、养老服务中心为重点的健康服务网络，均衡配置基本服务资源。

图 1-20 咸阳市旬邑县中心体育场

（七）提升城镇建设水平

提高规划建设水平。科学规划，实事求是确定城镇发展定位，务实设定城镇发展目标，积极推动“三规合一”，加强各层级、各类型规划的有机衔接，强化规划的统筹作用。城镇规划和建筑设计要充分考虑地理环境和文化特色，让城镇融入自然，并延续历史文脉。严格建设管理，提高规划、设计水平和建设质量。

彰显城镇地域特色。关中地区要保护历史文化名城（镇），形成彰显历史文化特色和关中民俗特征的古朴浑厚的城镇形象。陕北地区要结合能源基地和生态保护区建设，突出“两黄两圣”文化特色。陕南地区要结合汉江流域整治及依山滨水特点，打造山水园林城镇。

建设绿色、安全城镇。推广绿色建筑，加强建筑节能（图1-21）。优化城镇能源结构，大力发展太阳能、风能以及生物质燃料等清洁能源；强化城镇环境治理，实施关中大气污染联防联控工程，全面推进治霾工作。加大垃圾无害化处理力度，推进重要水源地保护和雨污分流工程；加强综合防灾减灾，建立健全灾害调查评价、监测预警、综合防治和应急管理体系。

图1-21　西安市“都市之门”——建筑应用可再生能源示范项目

推进智慧城市建设。大力推进城镇光纤到户，继续推进关中无线城市群建设，加大热点区域无线网络覆盖，推进信息网络宽带化；充分借助先进信息技术，逐步扩大“数字城管”系统接入范围，构建智慧城市公共信息平台，统筹推进规划管理的数字化和信息化；发展智能交通、智能电网、智能水务、智能管网、智能建筑等，推进基础设施智能化；建立跨部门跨地区业务协同、共建共享的公共服务信息服务体系，推进公共服务便捷化；加快传统产业信息化改造，推进制造模式向数字化、网络化、智能化、服务化转变，创新并培育新型业态，推动产业发展现代化；深化信息应用，建立完善相关信息服务体系，创新社会治理方式，促进社会治理精细化。

严格建筑质量管理。强化建筑设计、施工、监理和建筑材料、装修装饰等全流程质量管控。严格执行先勘察、后设计、再施工的基本建设程序，加强建筑市场各类主体的资质资格管理，推行质量体系认证制度。坚决打击建筑工程招投标、分包转包、材料采购、竣工验收等环节的违法违规行为，惩治擅自改变房屋建筑主体和承重结构等违规行为。健全建筑档案登记、查询和管理制度，强化建筑质量责任追究和处罚，实行建筑质量责任终身追究制度（图1-22）。

图1-22　延安干部学院——中国建筑鲁班奖工程

五、近期重点任务

（一）加快推进关中城市群建设

1. 优先推进“一核一带”建设

加快核心区建设。落实国家相关规划，紧抓丝绸之路经济带建设的历史机遇，编制关中城市群核心区总体规划，统筹区域关系；协调大都市地区规划建设，指导西安、咸阳两市规划编制，以现代田园城市的理念，推进西咸新区创新城市发展方式示范区建设。

加强沿渭城镇带建设。加快宝鸡、杨凌、渭南等城市和眉县、武功、兴平、华阴、潼关等中小城市建设，重点推进常兴镇、揉谷镇、泾渭镇、秦东镇、哑柏镇、蔡家坡镇、零口街道办、西吴镇等8个沿渭重点示范镇建设工作；加强历史文化名城名镇名村保护，推动渭河整治，加快渭河沿线农业产业现代化，推进产业园区发展，构筑“山水田园城”的城乡发展格局。

2. 提高规划建设水平

开放规划设计市场，提高规划编制、建筑设计水平。健全专家审查和公众参与制度，完善决策机制，提高城乡规划设计水平和建筑工程质量；加快编制《关中城市群核心区总体规划》、《关中城市群绿道网建设规划》等规划，加强规划引领；开展“三规合一”试点工作，确保县域重要发展片区、发展项目顺利落地实施，逐步实现文化、教育、医疗、交通、电力、水利、环保等专业规划的“多规融合”；继续加强重点城镇建设工作，增强产业支撑，提高就业吸纳能力，提升基础设施水平，改善人居环境。编制历史文化名城、名镇、名村保护规划。

3. 加快交通网络建设

加快高速公路网络化发展，构建开放式网络化发展格局。加快关中城际铁路网、核心区轨道交通建设，加强渭河沿线城市（镇）城市轨道交通、快速道路等的衔接；加快核心区BRT线网规划，在有条件的城市推行BRT模式。结合关中城市群绿道网建设规划，加快公共自行车交通系统、步行系统的建设。加快核心区综合交通换乘枢纽建设，实现城际铁路、BRT、地铁、常规公交、公共自行车系统零换乘。

4. 推进城市绿色、生态、智慧发展

构筑生态安全格局。重点加强秦岭北麓、北山、国家级黄河湿地等地区生态环境保护治理，加强渭北高原区水土保持林建设；加大渭河整治力度，建设安澜渭河、绿色渭河，打造关中生态长廊；依托国、省道公路，建设区域绿道系统，构建“一轴两带①、林网嵌套、绿色环绕”的区域生态安全格局。

发展绿色建筑。通过政府引导，制定推广绿色建筑的政策策略；实施绿色建筑行动计划，完善绿色建筑标准及认证体系、扩大强制执行范围，以大型公共建筑为重点，实施既有建筑绿色、节能改造，强力推进建筑工业化，标准化和住宅产业化。

【案例】陕西省绿色建筑工作全面开展

2010年9月，陕西省“绿色建筑”工作正式启动；2011年4月，出台了《陕西省绿色建筑评价标准实施细则（试行）》，指导绿色建筑的规划、

① 一轴两带：一轴指沿渭绿化轴，两带指沿秦岭北麓、北山南麓绿化带。

设计、建设和管理；2011年5月，出台了《关于推进绿色建筑建设工作的通知》，加强日常管理力度；2012年7月，出台了《关于加快推进陕西省绿色建筑工作的通知》，分别对按照绿色建筑标准设计和建设的项目给予了建设政策支持与财政奖励，并进一步明确了取得绿色建筑设计标识项目的奖励标准；2013年7月，出台《陕西省绿色建筑行动实施方案》，明确了绿色建筑评价标识管理工作的程序和要求，提出城镇新建建筑严格落实强制性节能标准，到“十二五”末，20%的城镇新建建筑达到绿色建筑标准，完成既有居住建筑供热计量及节能改造800万平方米，公共机构建筑节能改造1000万平方米，实施农村危房改造节能示范住房2万户。2013年，全省累计公示绿色建筑标识项目518个，首次进入全国前十，被列为全国5个增长最快的省份之一。2013年8月，住房城乡建设部正式批准西安浐灞生态区为第二批“国家级绿色生态示范城区”，成为西北地区首个国家绿色生态示范城区，全省绿色建筑工作迈入稳步发展阶段（图1-23、图1-24）。

图1-23 商洛市洛南县——国家级可再生能源建筑应用示范县

图1-24　绿色建筑典范——陕西省科技资源统筹中心

推广清洁能源。加快建设可再生能源体系，积极发展太阳能、风能、生物质能、地热能等清洁可再生能源，推动分布式、多元化发展，提高新能源和可再生能源利用比例。

发展智慧城市。建立智慧城市综合评价指标体系，选择一批符合条件的城市（镇），开展智慧城市试点工作，加快城市公共信息、城市建设管理、城市政务等服务平台建设，促进城市信息化、智能化、数字化管理。

【案例】宝鸡——数字化城市管理先行

2007年，宝鸡市被建设部列为全国第三批数字化城管试点城市，也是陕西省内唯一一个数字化试点城市。2008年1月，宝鸡市数字化城管系统开始试运行，一期工程在金台、渭滨50平方公里的范围内，标定公共交通、环卫、绿化等设施共81429个城市部件，以及市容环境、宣传广告、施工管理等42小类管理事件，对所有的城市管理部件进行了准确定位并编码。监督中心通过数据收集系统自动对信息进行甄别、立案，并按照编码和属性将部件或事件通过网络系统，直接传送给相应的69个职能部门，职能部门对反映的问题立即进行解决。数字化城管系统运行以后，2008年通过“12319”城管热线投诉反映的事件同比下降79%，立案并转办处理649件，答复当事人665件。处置问题已由初期的几十件增加到每天400多件，处置时间也由过去的一周甚至几十天缩短到12个小时左右，初步形成了精细、敏捷、高效、全方位的“大城管”数字化城管格局（图1-25）。

图1-25　宝鸡市市区

（二）加强县城、小城镇和美丽乡村建设

1. 分类指导县城建设

根据县城地理条件和发展基础，分三种类型推进。一是撤县设区。将纳入中心城市组团的10个县（市）按照卫星城（区）进行规划建设，支持具备条件的县撤县设区，积极推进户县、华县、高陵、凤翔、安塞、横山、南郑、汉阴、丹凤等县撤县设区。二是撤县设市。选择部分产业基础良好、区位优势突出、人口规模较大、辐射带动作用较强的县，启动省直管县试点或省内计划单列试点，推动神木、靖边、绥德、子长、富平、彬县、凤县、岐山、城固、勉县、旬阳撤县设市。三是打造宜居

宜业特色小城市。如洛南、黄陵、潼关、平利。此外，省上将从第二、三类县城中，选择15个县城进行重点建设（图1-26、图1-27）。

图1-26　榆林市府谷县城

图1-27　宝鸡市凤县县城

2. 加快小城镇建设

加快建设重点示范镇。稳步推进35个重点示范镇建设，进一步推进新区标准化模块建设，继续加强市政基础设施和公共服务设施建设，提高城镇承载力，在重点示范镇优先布局各类产业园区，积极培育发展特色产业，提高居民生活质量。

精心打造沿渭小镇。完善8个沿渭省级重点示范镇规划，结合渭河综合治理，做好建设规划，加强滨水景观设计，打造特色各异的沿渭景观带，发展旅游产业，带动区域统筹发展。

着力建设文化旅游名镇。加快31个文化旅游名镇建设[①]，以旅游产业为支撑，坚持规划引领，挖掘历史文化内涵，彰显古风古韵，打造成为文化特色鲜明、宜居宜游的特色小镇。

3. 打造美丽乡村

推进新型农村社区建设，以建设农民幸福家园为目标，以加强基础设施和公共服务设施为重点，科学推进村庄整合和集中居住，到2015年建成1000个左右标准化新型农村社区，2020年实现新型农村社区全覆盖。

【案例】高陵县——加快新型农村社区建设，推动城乡发展一体化

高陵县坚持“地域相近、规模适度、服务半径不超过2公里”的原则，编制了《高陵县新型社区布局规划》，把全县88个行政村聚合为32个农村新型社区，每个社区平均涵盖3个行政村左右，规模为1500户至2000户，人口控制在1万人以内。在实践中高陵县探索出三种社区建设模式：一是“政府推动”模式，在农业规划区，主要由乡镇政府作为责任主体组织实施，通过“小村并大村”，将多个分散的村庄聚集为一个新社区，在农村原有地址或周边选址建设。按照这种模式规划了16个新社区，目前6个

① 31个文化旅游名镇（街区）包括：户县祖庵镇、周至县厚畛子镇、蓝田县葛牌镇、蓝田县玉山镇、武功县武功镇、永寿县永坪镇、铜川市印台区陈炉镇、耀州区照金镇、白水县林皋镇、大荔县朝邑镇、吴起县铁边城镇、子长县安定镇、神木县高家堡镇、横山县波罗镇、宁强县青木川镇、洋县华阳镇、南郑县青树镇、留坝县留侯镇、勉县武侯镇、旬阳县蜀河镇、汉阴县双河口镇、柞水县凤凰镇、山阳县漫川关镇、镇安县云盖寺镇、麟游县九城宫文化旅游街区、凤翔县城关文化旅游街区、凤县双石铺文化旅游街区、岐山县凤鸣文化旅游街区、绥德县名州文化旅游街区、石泉县城关文化旅游街区、白河县城关文化旅游街区。

图1-28 西安市高陵县东樊村

正在实施，2个已建成。二是“村企合作”模式，在县城和工业园区内，运用城中村改造政策将城中村融入城市，主要以村组为主体与企业合作，由企业出资实施拆旧建新，村组以节余土地补偿企业投入，按照这种模式规划了6个新社区，目前4个正在实施，1个已建成。三是“政企合作”模式，在县城和工业园周边区域，将城边村改造后并入城镇。主要由企业出资拆旧建新，政府在城市规划区内划定部分土地补偿企业投入，按照这种模式规划了10个新社区，4个在建，1个已建成。运用这三种模式建成了4个示范性社区，有3万多农民已经入住（图1-28）。

开展古村落保护工作。妥善处理改善村民生产生活条件与保持村落传统风貌的关系，尽可能在原有村庄形态上改善居民生活条件，保留原始风貌，慎砍树、少拆房，延续村庄历史文脉（图1-29）。

加强村庄整治。结合空心村整理、城中村改造和历史文化名村保护，整治村容村貌，整理闲置宅基地，硬化村内外道路，配套建设村民公共活动设施、供水设施、排水沟渠及垃圾集中堆放设施，建设卫生、整洁、美观、舒适和富有地方特色的新型农村社区（图1-30）。

图 1-29　韩城市党家村

图 1-30　榆林市神木县沙母河村

（三）着力提升城镇综合承载力

推进生态城镇建设。加大生态环境建设和保护力度，加强对水污染、工业污染、矿山环境破坏和城镇环境的综合治理，改善环境质量；加强生态城镇建设规划研究，因地制宜地推进生态城镇建设，提高城镇可持续发展能力。加强水资源保护，科学分配和合理利用水资源；推进节约用水和水资源重复利用，试点推动中水利用。

增强设施支撑能力。加强城镇道路、给水排水、燃气、供热和污水垃圾处理等市政基础设施建设和综合防灾能力建设，统筹协调各类工程管线、堤坝等防灾设施、邻避设施建设，加快形成可靠完善的城镇基础设施体系，提高综合防灾能力。

打造便捷交通体系。编制实施城市综合交通体系规划，加强路网建设和枢纽建设，促进构建便捷完善的城市公共交通系统和畅通高效的对外交通系统。重视城镇静态交通设施建设，缓解停车难及其对城镇生活干扰问题。

提高公共服务水平。重点加强教育、医疗、卫生、文化、体育、养老等公共服务设施建设，科学布局公共设施，促进社会服务资源向社区、小城镇和农村延伸，推进实现公共服务均等化。优化学校布局和建设规模，合理配置中小学和幼儿园资源。加强社区卫生服务机构建设，健全与医院分工协作、双向转诊的城市医疗服务体系。完善重大疾病防控、妇幼保健等专业公共卫生和计划生育服务网络。加强公共文化、公共体育、就业服务、社保经办和便民利民服务设施建设。加快养老基础设施建设、健全养老服务体系、提高养老服务水平。

完善住房保障体系。建立市场配置和政府保障相结合的住房制度。加快构建以政府为主提供基本保障、以市场为主满足多层次需求的住房供应体系，推进住房供应主体多元化。建立各级财政保障性住房稳定投入机制，扩大保障性住房有效供给；制定公平合理、公开透明的保障性住房配租政策和监管程序，严格准入和退出制度。调整完善住房、土地、财税、金融等方面政策，共同构建房地产市场调控长效机制；实行差别化的住房税收、信贷政策，支持合理自住需求，抑制投机投资需求；依法规范市场秩序，健全法律法规体系，加大市场监管力度。

（四）强化规划引领

加强城镇体系规划、城市总体规划和县城总体规划实施评估工作，抓紧完成新一轮总体规划修编、关中城市群核心区规划工作。启动全省城镇体系规划、关中城市群城镇体系规划、陕北和陕南城镇体系规划修编工作。加快编制城市和县城控制性详细规划，到2015年，实现设市城市控制性详细规划全覆盖；按照城乡一体化发展的要求编制城镇化重点发展区规划、县域镇村布局规划，加强新型农村社区建设规划；抓紧编制城镇生态文明建设、市政基础设施建设和综合交通体系等各类专项规划。

六、实施保障措施

（一）强化督查考核

加大对城乡规划、城乡建设、城镇管理、建筑市场、房地产市场等综合督查力度，提高规划设计水平、建设质量和节能环保水平；健全乡镇规划和建设管理机构，加强队伍建设，充实专业技术人员，落实经费来源。向设区市政府派出城乡规划和建设管理督察员，对城乡规划的实施和建筑质量安全进行动态监控；按照“建好西安、做美城市、做强县城、做大集镇、做好社区”的总体思路和基本内涵，根据各市（区）不同城镇化基础条件、发展阶段和功能定位，建立城镇化综合评价指标体系，进行分类考核，加强动态监测与跟踪分析。

（二）加强资金保障

理顺省、市、县各级政府在教育、基本医疗、社会保障等公共服务方面的职责和财政分配关系，建立健全基本公共服务分担机制，建立财政转移支付同农业转移人口市民化挂钩机制，统筹安排城镇道路、供水、供热、绿化、环卫等基础设施建设资金；建立规范透明的城市建设投融资机制，支持符合条件的城市建设投资开发公司采取发行债券、上市融资、发行信托计划等形式筹集建设资金，研究制定政策性金融专项支持政策，引导开发性金融机构参与城镇基础设施建设；理顺市政公用产品和服务价格形成机制，放宽准入、完善监管，鼓励政府向社会购买公共服务，吸引社会资本参与服务设施建设运营；完善地方税体系，培育地方主体税种，增强地方政府提供基本公共服务能力，加快资源税改革，逐步将资源税征收范围扩展到占用各种自然生态空间。

（三）创新政策体制

加快户籍制度改革。全面推行流动人口居住证制度，健全人口信息管理制度；逐步使符合条件的农业转移人口落户城镇，实施差别化的落户政策，全面放开县城和小城镇落户限制，有序放开西安市以外其他设区市市辖区的落户限制，合理确定西安市市辖区落户条件，优先解决符合条件的农村居民在中小城市和小城镇落户。2020年之前，通过设置阶梯式落户通道和差别化落户条件，逐步解决符合条件的农业转移人口落户，建立城乡统一的户籍登记制度，实现城乡公共服务福利政策的无缝对接。

深化土地制度改革。实行最严格的耕地保护制度和集约节约用地制度，按照管住总量、严控增量、盘活存量的原则，创新土地管理制度，优化土地利用结构，提高土地利用效率，合理满足城镇化用地需求。建立城镇用地规模结构调控机制，实行增量供给与存量挖潜相结合的供地、用地政策，提高城镇建设使用存量用地比例。积极推进征地制度改革，完善征地补偿办法，合理确定补偿标准，提高农民在土地增值收益中的比例，有效保障农民的合法财产权益。推进农村土地管理制度改革，建立和完善集体建设用地使用权流转市场，实施跨县域土地流转，推动农村集体经济组织采取出让、出租、联营、作价入股等方式进入土地市场交易；加强农村闲置土地管理，挖掘城乡土地潜力。强化耕地保护制度，严格土地用途管制，统筹耕地数量管控和质量、生态管护，完善耕地占补平衡制度，建立健全耕地保护激励约束机制。

推进社保制度改革。稳步推进城镇基本公共服务常住人口全覆盖，把进城落户农民完全纳入城镇住房和社会保障体系，保障农民工随迁子女平等享有受教育权利；完善职工基本养老保险制度，鼓励农民工积极参保、连续参保；依法将农民工纳入城镇职工基本医疗保险，允许灵活就业农民工参加当地城镇居民基本医疗保险；完善社会保险关系转移接续政策，在农村参加的养老保险和医疗保险规范接入城镇社保体系，建立统一的城乡居民基本养老保险制度，整合城乡居民基本医疗保险制度；建立健全由政府、企业、个人共同参与的农业转移人口市民化成本分担机制，明确成本承担主体和支出责任。

附：课题组主要成员名单

课题组组长：刘科伟（西北大学教授　国家注册规划师）

课题组成员：赵　鹏　杨　帆　李晓娟　吕　园　赵思敏　刘东旭　刘钊启　马骞宇　柴　璐　高吉成

第二章

推动关中城市群发展研究

根据《关中城市群建设规划（2008—2020年）》[①]，关中城市群包括西安市、宝鸡市、铜川市、咸阳市、渭南市和杨凌示范区，土地总面积5.55万平方公里，占陕西省总面积的27%；集中了全省63%的人口，聚集了全省80%以上的科技实力，创造了全省61%的GDP和98%的进出口总值，是全省经济最活跃、文化最繁荣、科技最领先的地区。

在共建丝绸之路经济带的时代背景下，再次审视关中城市群现实责任，探索城市群发展新思路，构架空间发展新格局，对于带动丝绸之路经济带沿线城市群培育、引领全省城镇化发展具有重要意义，也是促进建设西部强省、实现“三个陕西”的积极举措。

---

①《关中城市群建设规划（2008—2020年）》经2008年第22次省政府常务会议审议并原则通过。本文研究是基于关中城市群现状范围的基础上，探索城市群空间拓展方向，并提出在新的规划范围下关中城市群目标定位及发展策略，以及推进城市群建设发展的实施路径和近期行动。

一、关中城市群建设发展的时代背景

（一）“丝绸之路经济带”建设开启的新格局

2013年9月7日，习近平总书记提出了将用创新的合作模式，共同建设“丝绸之路经济带”。十八届三中全会和2013年中央经济工作会议均提出推进丝绸之路经济带建设，形成全方位开放新格局。2014年3月16日，中共中央、国务院印发的《国家新型城镇化规划（2014—2020年）》也明确提出，要培育发展中西部地区城市群，依托陆桥通道上的城市群和节点城市，构建丝绸之路经济带，推动形成与中亚乃至整个欧亚大陆的区域大合作。丝绸之路经济带建设，搭建了内陆开发开放型经济发展平台，有利于拓展我国西部大开发的战略空间，推动西部地区经济社会发展，更多地参与到全球贸易中去。

丝绸之路经济带的建设连接欧亚，辐射40多个国家，覆盖30多亿人口，是世界上最长、最具发展潜力的经济走廊，极大地优化我国的战略空间布局，为经济持续协调健康发展提供坚实的战略支撑。作为丝绸之路的起点，古丝绸之路为汉唐盛世提供了强劲的动力；今天，丝绸之路经济带建设将为陕西关中的发展开启新的篇章。

从区域发展格局看，关中城市群地处我国东西两大经济区域结合部，与资源丰富的西部地区和经济发达的东部地区都具有良好的通达性，是东部地区发展的战略大后方，又是西部大开发的前沿阵地，是承东启西的重要战略节点。从区位交通优势看，以西安为核心的关中城市群是全国重要的连接东西、贯通南北的铁路、公路、航空和信息枢纽。从资源禀赋看，关中历史悠久、文化资源丰富，特别是西安作为古丝绸之路起点城市，在2000多年前就已经成为沟通东西方文明的重要桥梁和纽带。今天的西安不仅是世界闻名的历史文化名都，更是我国重要的科技、文化、教育、国防工业基地和国际旅游城市。从产业基础看，关中地区是我国最大的航空航天和国防科技装备研发与制造基地，是我国重要的综合性高新技术产业基地，也是大西北重要的农业基地。

展望未来，在“共建丝绸之路经济带”的时代背景下，关中城市群有基础、有条件成为国家开放的前沿窗口，肩负起文化崛起、国家安全的历史使命。

（二）新型城镇化战略的提出带来的新机遇

党的十八大强调，要坚持走中国特色新型城镇化道路，推动工业化和城镇化良性互动、城镇化和农业现代化相互协调，促进工业化、信息化、城镇化、农业现代化同步发展。《国家新型城镇化规划（2014—2020年）》提出走以人为本、四化同步、优化布局、生态文明、文化传承的中国特色新型城镇化道路，促进经济转型升级和社会和谐进步，为全面建成小康社会、加快推进社会主义现代化、实现中华民族伟大复兴的中国梦奠定坚实基础。

2012年关中城市群城镇化水平为53.47%。从城镇化发展的国际经验来看，城镇化水平在30%～70%之间是城镇化的加速发展时期。关中城市群现在正处于加速发展阶段，这一时期城镇化发展的方向以及城市群内部产业、城镇空间的分工合作以及区域环境的保护等都不会是一个城市单独发展能够解决的问题。

因此在新的时代背景和城镇发展阶段下，加快推进关中地区新型城镇化进程是摆在我们面前的一项重大任务。关中城市群内大中小城市（镇）未来的发展定位和需要承担的职能需要进行重新谋划；关中城市群需要强化大中小城市和小城镇之间的分工协作，推动大城市提升产业层次和中心功能，逐步向高端化和服务化方向发展，鼓励中小城市和小城镇走“专精特深”的特色专业化道路，构筑一个优势互补、合理分工、错位竞争、互动融合的城镇空间以及产业发展格局。

（三）城市群逐渐成为我国区域竞争的主角

近年来，我国城市群发展明显加速，区域经济增长极不断涌现，全国已形成20个不同层次的城市群和城镇密集区①，以城市群为核心的空间发展格局基本形成，区域发展呈现多级带动的新格局。2010年，我国城市群总面积占全国的28.90%，集中了62.29%的人口，创造了85.02%的GDP，城市群的经济密度（人均GDP、地均GDP）高于全国平均水平。其中第一产业增加值占全国的57.79%，第二产业增加值占91.87%，第三产业增加值占83.90%。城市群的固定资产投资占全国的74.85%，工业总产值占全国的78.77%，货物进出口总额占全国的94.30%，其中进口额占95.99%，出口额占92.80%。此外，城市群吸引了88.50%的外商直接投资（表2-1）。

① 2011年12月21日，由国务院印发的《全国主体功能区规划》提出我国已经形成了包括长三角、珠三角、环渤海（京津冀、山东半岛、辽中南）、海峡西岸、长江中游（武汉、鄱阳湖、环长株潭）、成渝、关中—天水、中原、哈长、江淮、太原、东陇海、天山北坡、北部湾、兰州—西宁、滇中、黔中、呼包鄂榆、宁夏沿黄、藏中南等20个不同层次的城市群和城镇密集区。

中国城市群在中国经济发展中的重要地位分析（2010年） 表2-1

指标	土地面积（万平方公里）	常住人口（万人）	GDP（亿元）	第一产业增加值（亿元）	第二产业增加值（亿元）	第三产业增加值（亿元）
城市群合计	277.40	83530	341082.8	23425.87	172333.68	145228.4
占全国比重（%）	28.90	62.29	85.02	57.79	91.87	83.90
指标	全社会固定资产投资（亿元）	工业总产值（亿元）	货物进出口总额（亿美元）	进口额（亿美元）	出口额（亿美元）	外商直接投资实际使用额（亿美元）
城市群合计	207242.6	550272.9	28044.17	13401.99	15005.84	1618.56
占全国比重（%）	74.52	78.77	94.30	95.99	92.80	88.50

资料来源：张学良主编.2013中国区域经济发展报告——中国城市群的崛起与协调发展[M].北京：人民出版社，2013.

【案例】珠三角城市群发展的经验启示

珠三角城市群凭借比邻港澳的地缘优势、改革开放的发展政策和求真务实的地方文化促使了其30多年的经济崛起。通过对珠三角城市群发展历程分析，得出几点启示：

一是强化城市群在区域经济社会格局中的主导地位，夯实高端要素集聚、科技创新、文化引领、综合服务等功能。与世界知名城市群相比，中国城市群在人口密度、投资强度、产业高端比重、极化和辐射能力、地均产出率等方面仍有较大差距。因此，要在产业转型和升级、高端要素集聚、科技创新、文化引领、环境保育、综合服务等城市群功能方面下足功夫，不断提升其综合竞争能力。

二是加快制定城市政府联席会议机制和针对具体合作事项的专业协调和沟通委员会。组织城市群内部政府和下属各部门建立针对具体合作事务的联系制度，赋予其一定的运作权力，并将其机制化、常态化。围绕各城市协调合作的具体事务进行实质性磋商，切实推进区域经济一体化进程。

三是城市群内部各城市要采取差异化发展战略。差异化战略的实质是错位竞争，区别发展，表现在城市基本职能、优势产业、产品生产、高端服务、品牌营销等方面的差异化，其结果是各城市之间分工明确、优势互补、主业突出，形成互利互惠和多赢的良好发展格局。

四是加强区域交通设施一体化。加强城际快速道路的建设和投资力度，着力改善区域交通通达性和对外交通的联系性，尽快构建“一小时都市圈”。

五是加快制定城市群近期和中长期发展战略规划，积极开展围绕城市群内部各城镇未来发展的相关研究。提倡规划先行，注重规划的前瞻性、战略性和可操作性。规划决策形成过程中尽量照顾各方核心关切和利益诉求，强化公众参与机制。

二、建设关中城市群的战略意义

（一）关中城市群是共建丝绸之路经济带的战略支撑点

十八届三中全会和2013年中央经济工作会议提出，推进丝绸之路经济带建设是中央着眼我国对外开放和战略安全大局、优化区域开放格局、加快向西开放的一项重大举措。关中城市群是黄河中上游最具活力和潜力的经济区，也是推动丝绸之路经济带建设的重要载体。它的发展对于加快我国与欧亚国家资源共享、共同发展，深化区域间国际交流与合作具有重要意义（图2-1）。

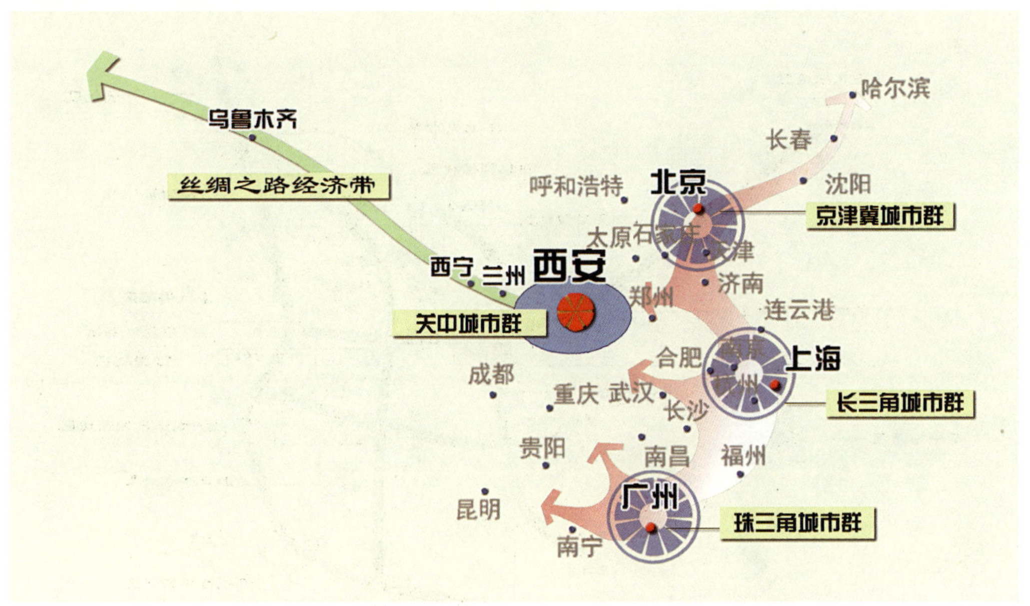

图 2-1　关中城市群在丝绸之路经济带上的位置

（二）关中城市群是全国区域协调发展的重要增长极

2013年中央城镇化工作会议提出“两横三纵”的城镇化战略格局，要在中西部和东北有条件的地区，逐步发展形成若干城市群，成为带动地区发展的重要增长极（图2-2）。《全国新型城镇化规划（2014—2020年）》也强调以城市群为主体形态，推动大中小城市和小城镇协调发展。关中城市群依靠西部地区唯一的高新技术产业开发带和星火科技产业带优势，在全国区域经济发展中占有极其重要的地位。关中城市群是关中—天水经济区①的主体，其土地面积、GDP、人口分别占关中—天水经济区

① 关中—天水经济区包括陕西省西安市、铜川市、宝鸡市、咸阳市、渭南市、杨凌示范区、商洛（部分区县：商州区、洛南县、丹凤县、柞水县）和甘肃省天水市，总面积7.98万平方公里。2009年6月10日，经国务院同意，国家发改委（发改西部[2009]1500号）正式颁布了《关中—天水经济区发展规划》，标志着关中—天水经济区的诞生，该规划提出关中—天水经济区战略定位为：全国内陆型经济开发开放战略高地、统筹科技资源改革示范基地、全国先进制造业重要基地、全国现代农业高技术产业基地、彰显华夏文明的历史文化基地。

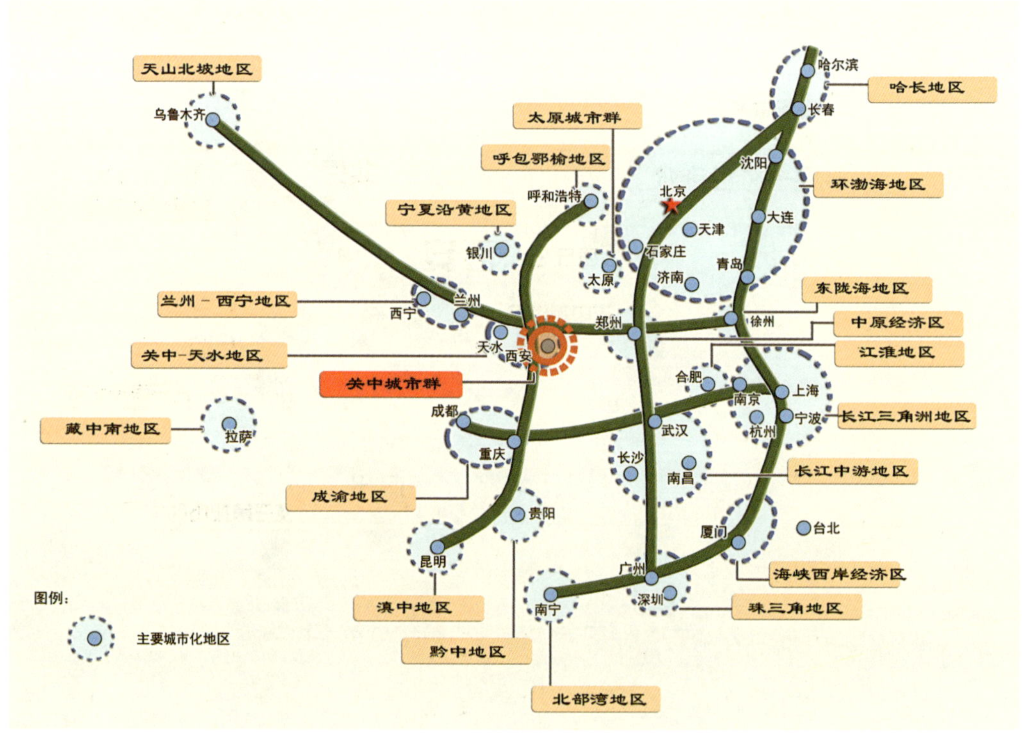

图 2-2　我国“两横三纵”城镇化战略格局

的90%、80%、90%。因此，关中城市群的发展对于加快西部地区迅速提升、促进全国区域协调发展具有重要的意义。

（三）关中城市群建设是陕西省推进城镇化的引擎

关中地区是陕西省经济、文化的核心发展区，是城乡发展最活跃的地区。2012年，关中城市群以全省27%的土地面积，承载着全省63%的人口、72%的城市、47%的建制镇，创造了全省61%的地区生产总值。因此，加快关中城市群建设发展，对于促进全省综合发展水平提升，带动陕南、陕北健康发展，全面推动全省新型城镇化建设至关重要。

（四）关中城市群建设是加快陕甘宁革命老区发展的迫切需求

根据陕甘宁革命老区振兴规划要求，不断深化改革扩大开放，为陕甘宁革命老区全面振兴注入活力，努力推动老区实现振兴发展，使老区走出一条生态环境良好、能源资源集约开发、人民生活富裕的科学发展之路。在关中城市群格局拓展过程中，主动考虑与延安的协调发展，将有利于增强与提升陕甘宁革命老区开拓创新活力，推动革命老区持续健康发展。

三、关中城市群建设发展优势与存在问题

（一）关中城市群发展现状

根据《关中城市群建设规划（2008—2020年）》，关中城市群包括1个副省级市西安，4个地级市宝鸡、咸阳、铜川和渭南以及1个国家级经济示范区杨凌。区域内有51个县（区），176个街道办事处，459个乡镇。2012年，关中城市群实现地区生产总值8963.36亿元，常住人口2358.39万人，城镇人口1261.01万人，城镇化水平达到53.47%。目前，关中城市群的综合等级层次结构为：第一级为人口超过100万的特大城市西安，第二级为人口50万~100万的城市宝鸡、咸阳，第三级为人口50万人左右的城市铜川、渭南，第四级为人口20万~50万的城市华阴、韩城、兴平，第五级是20万以下的建制镇。

关中城市群的中心为西安、咸阳，西有宝鸡、杨凌，东有渭南，东西呼应。陕西陇海线沿线城镇主要分布在陇海铁路和连霍高速两侧，以关中环线联系起来的城镇及关中环线内的城镇是其城镇密集的部分。铜

川以包茂高速、咸铜铁路与咸阳相连，经过三原、泾阳等，衔接西安大都市和铜川城市发展区。其他重要城镇也基本上布局在由铁路、高速、省道构成的交通网节点上，其中彬县、长武、旬邑煤炭能源化工基地建设，促进了彬（县）—长（武）—旬（邑）城镇带建设；渭南市域内沿京昆高速的渭南—韩城城镇带也逐渐形成气候。

关中城市群装备制造业、航空航天、资源加工等产业发展较好。西安市以装备制造、高新技术、文化旅游、现代服务为优势产业，宝鸡以装备制造、有色金属、农产品加工、高新技术为支撑产业，咸阳以能源化工、装备制造、建材、纺织、电子等为支柱产业，铜川市以有色冶金、能源化工、建材、食品等为主要产业，渭南以有色金属、农业、能源化工、装备制造等为主要产业，杨凌示范区以生物医药、现代农业、绿色食品等为主导产业（表2-2）。

关中各市（区）经济发展情况一览表（2012 年）　表 2-2

地区	GDP（亿元）	人口（万人）	城镇化率（%）	人均 GDP（元）	GDP 占城市群比重（%）	支柱产业
陕西	14451.1	3753.09	50.02	38557	—	—
西安	4369.37	855.29	71.51	51086	48.7	装备制造、高新技术、文化旅游、现代服务
宝鸡	1409.87	373.67	45.6	37778	15.7	装备制造、有色金属、高新技术、农产品加工
咸阳	1616.00	492.9	45.2	32847	18	能源化工、电子、医药、纺织
渭南	1212.45	532.1	36.45	22820	13.5	采矿、制造、建筑、交通运输
铜川	282.92	84.08	60.4	33701	3.1	有色冶金、能源、建材、食品
杨凌	72.54	20.20	54	35910	0.8	生物医药、现代农业，绿色食品

资料来源：《陕西统计年鉴2013》，各地市2012年统计公报。

（二）关中城市群建设发展优势

1. 拥有良好的自然基底

关中位于陕西省中部，介于秦岭和渭北北山（老龙山、嵯峨山、药王山、尧山等）之间，东西长300公里，平均海拔约500米，西窄东宽，号称“八百里秦川”。这里土地肥沃，河流纵横，气候温和，自古灌溉发达，盛产小麦、棉花等，是我国重要的商品粮产区，也是中国最早被称为“金城千里，天府之国”的地方。

以西安为中心的关中城市群，中部和北部有大片的平原和台地，土地宽广平坦肥沃，为关中城市群的发展提供了良好的资源和建设条件；其南部秦岭山区水、矿产、动植物资源丰富，是关中的天然氧吧。

2. 拥有丰厚的历史文化积淀

关中是华夏文明重要发祥地，是领衔世界的中华文化圣地，是周、秦、汉、唐等13个王朝古都所在地，是我国古代经济、科技、文化和对外开放的核心地区。关中地区拥有大量珍贵的历史文化遗产和丰富的人文资源，是世界少有的古文化“天然历史博物馆”。西安、韩城、咸阳先后被国家列入中国历史文化名城，区域内还拥有全国重点文物保护单位76处，全省重点文物保护单位1000多处。关中地区是中华文化的发源地之一，周代儒家思想、秦代法家思想、周秦汉唐科技文艺、宗教文化等奠定了中国千年优秀文化思想的基础（图2-3、图2-4）。

3. 拥有领先的科研教育资源

关中地区科教实力雄厚，是西部乃至全国重要的科技资源和高等科技人才资源战略聚集区，重要领域科技创新能力位居全国前列。该地区聚集了全省80%以上的科技实力，拥有近百所高等院校、100多个国家级

图 2-3　大雁塔

图 2-4　秦始皇兵马俑

图 2-5　西安市高新区

图 2-6　西安市软件园

图 2-7　西安交通大学

和省级重点科研院所、100多万科技人才，在校大学生人数占全省80%以上，在电子信息、航空航天、现代农业、先进制造等行业拥有一批国内领先的技术成果，已经成为全省创新要素集聚、领先创新发展的区域（图2-5～图2-7）。

4. 拥有雄厚的产业发展基础

关中地区是我国最大的航空航天和国防科技装备研发与制造基地，是我国重要的综合性高新技术产业基地和装备制造基地，也是我国传统工业最密集的地区。现已形成8个国家级产业园区①，18个省级产业园区，重点发展装备制造、高新技术、高效农业、现代服务业、文化旅游等优

① 8个国家级产业园区：西安高新技术产业开发区、宝鸡高新技术产业开发区、杨凌农业高新技术产业示范区、渭南高新技术产业开发区、咸阳高新技术产业开发区、陕西航天经济技术开发区、西安阎良国家航空高技术产业基地、曲江国家级文化产业示范区。

势产业。特别是西安的航空、航天、机械、电子、仪表、光学、纺织、电力设备以及宝鸡的机械制造、金属冶炼加工等应用技术居全国前列，是我国重要的高新技术产业、成套输变电设备、飞机制造业基地和钛材料基地之一。关中地区是大西北重要的农业基地，拥有闻名全国的优质苹果基地、西北地区最大的蔬菜基地、国家优质粮油棉生产基地等众多现代农业生产基地。优势产业的形成和发展带动了关中地区乃至整个陕西省的经济发展。

5. 拥有得天独厚的区位优势

关中地处我国内陆中心，是欧亚大陆桥的重要组成部分，是西部地区连通东中部地区的重要门户，已经成为连接我国东、中部地区的交通枢纽。以西安为中心的航空、铁路、公路等构成的交通体系四通八达，200多条航线、9条铁路、5条高速公路和17条国省道在区域内交会。西安咸阳国际机场是国内干线重要的航空港和国际定期航班机场，是中国民用航空局规划建设的八大区域性枢纽机场之一，是西北地区最大的空中交通枢纽。西安航空基地蒲城通用航空产业园依托内府机场的优越条件，成为中国唯一“通用航空产业试点园区”，也是目前国内唯一真正能够“飞起来”的空域试点。此外，上海至欧洲的国际光缆、北京至西南和西北的通信光缆在西安交汇，还拥有西安卫星测控中心，使得该区域成为中国西部最大的通信枢纽。

（三）关中城市群建设存在问题

1. 综合发展水平较低

通过国内十大城市群的比较，关中城市群整体实力弱，影响了对国内外要素的聚集和对西部大开发及全省经济的带动作用（表2-3）。与沿海三大城市群、成渝城市群和中原城市群相比，关中城市群不仅整体经济实力不尽如人意，而且城市个数也少，关中城市群有地级以上城市6个（珠三角城市群有9个，长三角城市群16个，京津冀城市群13个，成渝城市群16个，中原城市群9个）。

2011年国内十大城市群发展情况　　表2-3

城市群	GDP（亿元）	总人口（万人）	人均GDP（元）	城镇化率（%）	占全国（%）		核心城市
					GDP	人口	
京津冀	51419	10614	48444.51	67.5	11.0	7.8	北京、天津
长三角	97252	11580	83982.73	56.3	21.0	12.0	上海
珠三角	53802	5541	97098.00	74.5	11.4	4.0	广州、深圳
长江中游	41213	11243	36656.59	57.2	7.3	8.2	武汉
成渝	25224	8376	30114.61	51.7	5.3	6.1	成都、重庆
海峡西岸	29089	8835	32924.73	48.8	6.2	6.4	福州、厦门
山东半岛	32346	4556	70996.49	58.0	6.9	4.5	济南、青岛
辽中南	24446	3700	66070.27	60.9	5.2	2.7	沈阳、大连
中原	17449	4154	42005.30	47.9	3.7	5.2	郑州
关中	7722	2350	32859.57	51.6	1.6	1.7	西安
排名	10	10	9	8	10	10	—

资料来源：此表由笔者查询2011年各城市群内各城市统计年鉴，计算整理得到。

2. 历史文化资源优势没有充分发挥

关中地区曾是领衔世界的文化发展核心地区，拥有数量、质量全国首屈一指的历史文化遗存。近年来，关中地区尤其是西安的文化产业蓬勃发展。但是，作为世界级文明古都，西安的文化资源优势并没有充分发挥，文化事业和文化产业发展的成果与丰厚的资源不匹配，文化产业链中的高端原创性不足，文化产品和文化服务出口能力较弱，文化创新力度不够，在吸引各种资本进入国际文化交流领域时还缺乏感召力，与其他城市相比尚有一定差距（表2-4）。

2012 年国内主要城市文化产业发展情况　　表 2-4

城市	文化产业增加值		文化产业占 GDP 比重	
	亿元	排序	（%）	排序
北京	2189.2	1	12.3	1
上海	1188.43	2	5.91	5
深圳	930	3	7.2	4
南京	335	5	4.6	6
西安	334.68	6	7.7	3
长沙	556.5	4	8.7	2

资料来源：此表由笔者查询2012年各直辖市、市统计年鉴整理得到。

3. 门户发展程度不高，通道特征明显

关中地区门户发展程度次于成渝。以国际航空港发展为例，西安咸阳国际机场在旅客吞吐量、货邮吞吐量、国际航线等方面均与成都双流机场有较大差距（表2-5）。

西安咸阳国际机场与成渝地区国际机场发展对比（2012 年）表 2-5

	成都双流机场	重庆江北机场	西安咸阳机场
旅客吞吐量（万人次）	3159.54	2206	2342
货邮吞吐量（万吨）	50.83	26.86	17.48
起降架次（次）	242658	195333	204427
国内航线（条）	148	—	175
国际（地区）航线（条）	67	—	27

资料来源：《2012年全国运输机场生产统计公报》。

关中地区作为欧亚国际铁路的枢纽，通道特征显著。以西安为例，作为新亚欧大陆桥中国段沿线经济带上最大的西部中心城市，西安是全

国干线公路网中最大的节点城市之一、中国八大航空枢纽之一、八大通信枢纽之一，但仅在铁路货物周转量上优于成渝（表2-6）。

西安与成都、重庆客运货运统计对比（2012年） 表2-6

指标		重庆	成都	西安
旅客运输总量（万人）	铁路	3040.33	9299.90	2918.70
	公路	152249.00	88282.50	30893.00
	民航	1252.94	1446.60	2342.09
旅客运输周转量（亿人公里）	铁路	116.02	34.49	60.93
	公路	408.91	311.90	170.87
	民航	104.25	445.20	106.94
货物运输总量（万吨）	铁路	2240.52	773.2	824.85
	公路	95009.00	33570	44082.00
	民航	11.90	24.9	17.48
货物运输周转量总计（亿吨公里）	铁路	191.27	75.21	221.99
	公路	779.77	236.80	372.90
	民航	1.05	10.00	0.98

资料来源：《2012年重庆市国民经济和社会发展统计公报》、《2012年成都市国民经济和社会发展统计公报》、《2012年西安市国民经济和社会发展统计公报》。

4. 大中小城市缺乏协作，西安一城独大

关中城市群发展极化明显。2012年，西安全市生产总值占整个关中城市群的49%，全社会固定资产投资占整个关中城市群的51%，进出口总额占整个关中城市群的89%，省级以上开发区占关中城市群的53.8%，高校数量占关中城市群的72%。

城镇规模等级结构不合理，大中城市数量严重不足（仅有宝鸡、咸

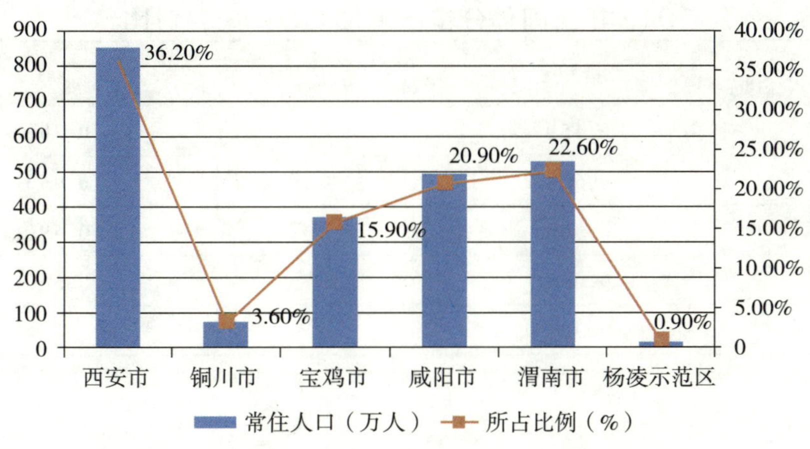

图 2-8　2012 年各市人口占关中城市群比重

阳、渭南、铜川），不利于中心城市带动作用的逐级发挥（图2-8）；大多数小城市也因自身规模小而无法有效带动周边小城镇的发展，使整个城镇体系缺乏有效的传承和支撑，难以带动城市群的健康发展。

城市中心城区与外围地区关联度不高。中心城区产业结构中重工业比例较高，与周边乡村地区的产业无法实现有效的对接，工业化的发展没有很好地推进农业现代化的发展。

关中城市群区域交通发展相对滞后，各城市综合交通规划没有有效协调，各专业规划难以整合不同运输方式的衔接以及实现通道资源共享，区域交通与城市交通的接驳阻滞城镇化健康发展。

5. 产业结构层次偏低，第三产业发展缓慢

目前，关中地区产业结构层次偏低。农业现代化发展步伐缓慢，农产品品质结构欠优，市场竞争力较弱；工业产品仍存在技术含量低、环境污染高、资源消耗大、附加值低的问题。2012年关中地区单位GDP能耗高于东部发达地区，是上海的1.6倍，北京的2.1倍（表2-7）。

2012年全国部分省市单位GDP能耗对比　表2-7

城市/地区	单位GDP能耗（吨标准煤/万元）	城市/地区	单位GDP能耗（吨标准煤/万元）
北京	0.459	天津	0.708
上海	0.618	重庆	0.953
江苏	0.600	浙江	0.590
福建	0.644	广东	0.563
关中	0.959		

资料来源：《中国统计年鉴2013》、《陕西省统计年鉴2013》。

城市群内部各城市产业结构趋同，同类竞争激烈，缺乏有效协调与合作，造成发展资源浪费和发展速度滞缓（表2-8）。

关中城市群各地市优势产业比较　表2-8

城市	优势产业	竞争状况
西安	装备制造、高新技术、文化旅游、现代服务	装备制造业在区内竞争较大，其他产业竞争较小
宝鸡	能源化工、装备制造、有色冶金、食品、非金属矿物制品、电子、纺织、医药	优势产业基本相同，竞争较大，但竞争力较弱
咸阳	能源化工、装备制造、食品、建材、纺织、电子	
铜川	能源化工、有色冶金、食品、建材、电力	
渭南	能源化工、装备制造、有色冶金、食品、纺织服装、医药、非金属矿物制品	
杨凌	生物制药、良种繁育、环保农资、绿色食品	不存在产业竞争

资料来源：《西安市城市总体规划（2008—2020年）》、《宝鸡市城市总体规划（2010—2020年）》、《咸阳市城市总体规划（2006—2020年）》、《铜川市城市总体规划（2005—2020年）》、《渭南市城市总体规划（2008—2020年）》、《杨凌城乡总体规划（2010—2020年）》。

2000年，关中地区三次产业结构为12.8：43.3：43.8，2012年三产结构为9.2：51.8：39.0。十二年间第一产业比重下降了3.6个百分点，第二产业比重上升了8.5个百分点，第三产业比重下降了4.8个百分点。通过与国内部分城市的比较可以看出，西安作为关中城市群核心城市，生产性服务业发展不足，现代服务业及国际化水平均相对较弱（表2-9、表2-10）。

西安与国内部分城市金融业发展情况对比（2012年） 表2-9

金融业		北京	上海	天津	深圳	西安	成都	重庆
银行机构	国际	28	55	13	15	**2**	7	9
	国内	19	16	23	23	**14**	20	32
保险机构	国际	25	30	3	5	**0**	8	3
	国内	103	71	39	51	**34**	34	37
证券机构	国际	37	62	0	7	**0**	0	0
	国内	13	1	1	17	**3**	0	1
金融后台服务中心		4	15	0	0	**2**	12	1
总计		229	252	79	120	**55**	81	83

资料来源：此表由笔者查询2012年各直辖市、市统计年鉴整理得到。

西安与国内部分城市现代服务业发展情况对比（2012年）表2-10

	北京	上海	西安	成都	重庆
会展场馆总面积（万平方米）	24	40	**18**	23	12
驻华使领馆数（个）	150	55	**2**	8	8
常住外国人口（万人）	11	15.2	**0.6**	2	0.7
百货连锁（个）	4	2	**1**	2	1
五星级酒店（个）	144	116	**23**	35	26

资料来源：此表由笔者查询2012年各直辖市、市统计年鉴整理得到。

6. 基础设施水平较低

全国十大城市群相比较，关中城市群城市基础设施建设水平整体偏低，尤其是在用水普及率、燃气普及率、建成区绿化覆盖率、生活垃圾无害化处理率等方面与其他城市群有较大差距（表2-11）。

全国十大城市群城市基础设施水平比较（2011 年） 表 2-11

城市群	用水普及率（%）	燃气普及率（%）	人均城市道路面积（m^2）	人均公园绿地面积（m^2）	建成区绿化覆盖率（%）	污水处理厂集中处理率（%）	生活垃圾无害化处理率（%）
长三角	99.96	99.57	19.81	13.40	41.85	78.17	96.73
珠三角	99.31	83.95	15.73	14.77	41.51	80.81	88.39
京津冀	100.00	99.86	14.63	14.19	42.39	89.60	95.87
长江中游	97.43	95.55	17.43	12.40	41.37	77.79	92.51
成渝	91.32	87.24	11.23	10.86	38.71	72.46	89.51
海峡西岸	99.37	98.45	13.58	12.10	41.48	79.94	97.41
山东半岛	99.98	99.70	25.43	17.77	42.12	90.71	99.81
辽中南	98.79	96.95	12.20	10.13	41.02	79.03	98.44
中原	96.16	79.96	11.33	8.73	37.65	90.81	93.49
关中	**97.19**	**88.59**	**14.33**	**12.29**	**39.57**	**81.38**	**92.48**
关中排名	8	8	6	6	8	4	8

资料来源：《中国城市建设统计年鉴（2012）》、《陕西省城市（县城）建设统计年报（2011）》。

全国十大城市群的16个核心城市基础设施水平相比较，西安城市基础设施水平处于中等偏上水平，但在人均公园绿地面积、建成区绿化覆盖率、污水处理厂集中处理率、生活垃圾无害化处理率等方面还有待提高（表2-12）。

全国十大城市群 16 个核心城市基础设施水平比较（2011 年）表 2-12

城市群	核心城市	用水普及率（%）	燃气普及率（%）	人均城市道路面积（m^2）	人均公园绿地面积（m^2）	建成区绿化覆盖率（%）	污水处理厂集中处理率（%）	生活垃圾无害化处理率（%）
长三角	上海	100.00	99.87	4.04	7.01	38.22	84.42	61.04
珠三角	广州	99.70	99.25	9.22	15.05	40.30	79.43	81.36
	深圳	100.00	77.86	8.67	16.50	45.05	85.38	95.00
京津冀	北京	100.00	100.00	5.26	11.33	45.60	80.64	98.24
	天津	100.00	100.00	17.05	10.30	34.53	85.91	100.00
长江中游	武汉	100.00	95.60	12.27	9.59	37.59	92.20	90.24

续表

城市群	核心城市	用水普及率（%）	燃气普及率（%）	人均城市道路面积（m^2）	人均公园绿地面积（m^2）	建成区绿化覆盖率（%）	污水处理厂集中处理率（%）	生活垃圾无害化处理率（%）
成渝	成都	98.17	95.58	14.98	13.45	39.15	85.85	100.00
	重庆	93.41	93.03	10.43	17.87	40.18	93.15	99.55
海峡西岸	厦门	100.00	100.00	12.65	11.19	40.64	90.40	98.32
	福州	99.26	99.82	11.32	11.21	40.5	82.75	99.94
山东半岛	济南	100.00	100.00	22.52	10.31	37.05	86.93	100.00
	青岛	100.00	100.00	23.84	14.58	44.69	87.95	100.00
辽中南	沈阳	100.00	100.00	11.58	12.42	42.00	86.20	100.00
	大连	100.00	99.98	13.83	12.14	45.17	84.10	100.00
中原	郑州	100.00	90.05	6.52	6.48	35.13	98.08	89.71
关中	西安	**100.00**	**99.87**	**16.02**	**10.44**	**41.15**	**86.55**	**97.64**
排名	—	并列 1	并列 3	3	11	6	7	6

资料来源：《中国城市建设统计年鉴（2012）》、《陕西省城市（县城）建设统计年报（2011）》。

7. 生态问题突出，环境保护压力大

关中地区城镇、人口、工业企业密集，工业偏向重工业，有色金属加工、建材、煤炭等行业在宝鸡、铜川、渭南、咸阳等城市占有一定比重，这些都对关中城市群地区的生态环保造成巨大压力。2012年，关中地区工业废水排放总量为25632.23万吨，占全省总量的67%。关中城市群已经成为全国大气污染最严重的地区之一，被列入全国大气污染重点防治的“三区十群”区域①。

长期以来关中城市群的主要城市、镇都分布在渭河以南秦岭以北地带或渭河以北临近渭河区域，主要工商业也都集中在这些城镇。随着近

① 2012年，国务院批复（国函[2012]146号）的《重点区域大气污染防治“十二五”规划》划定了13个大气污染防治重点区域（简称“三区十群”）：京津冀、长三角、珠三角等地区以及辽宁中部、山东、武汉及其周边、长株潭、成渝、海峡西岸、山西中北部、陕西关中、甘宁、乌鲁木齐城市群等。

十多年来工业化、城镇化步伐的加快，这些区域的城市、工业区已经没有多少可拓展空间，而且继续在渭河以南地区发展工业必将会对秦岭北麓地区、山前塬区及多条河流的生态保护造成危害。关中地区工业扩展不约而同地体现出跨渭河向北布局的明显要求。渭河北岸的区域生态相对脆弱，主要区域以乡村和农业区为主，是全省乃至西北最重要的粮食产区，肩负着粮食安全重任。如何在发展工业化、城镇化的过程中集约利用好土地，并且确保土壤安全将是一项艰巨的任务。

四、关中城市群的规划范围、目标定位与发展策略

（一）原规划范围

2006年，经国务院同意，建设部以建规[2006]180号文批复的《陕西省城镇体系规划（2006—2020年）》提出“一线两带，一核多中心，带动南北两翼城镇发展”的城镇发展思路。其中：

“一线”指关中地区的陇海铁路沿线城镇发展区；

“两带”指关中高新技术产业带和关中星火产业带；

“一核”指西安都市区；

“多中心”指咸阳、宝鸡、渭南、铜川、延安、榆林、汉中、安康、商洛、杨凌等区域中心城市。

《陕西省城镇体系规划（2006—2020年）》提出，未来的关中地区在“一线两带”和“一核”的作用下将形成城市群（包括西安市、铜川市、宝鸡市、咸阳市、渭南市以及杨凌示范区）。以关中城市群及其产业的快速发展并向周边的辐射和扩散，带动陕南、陕北两翼地区产业与城镇发展。

2008年，经第22次省政府常务会议审议并原则通过的《关中城市群建设规划（2008—2020年）》提出，关中城市群地区行政区划上包括西安、宝鸡、咸阳、铜川、渭南和杨凌5市1区，规划重点培育“一轴一环三走廊”的城镇发展格局。

“一轴”为贯穿关中腹地的陇海铁路陕西段城镇带；

“一环”为关中环线城镇带；

“三走廊”包括渭北彬县—长武—旬邑城镇带、咸阳—铜川城镇带、渭南—韩城城镇带。

（二）拓展规划范围

1. 总体思路

一是拓展规划范围。在西安、咸阳、宝鸡、铜川、渭南、杨凌基础上，增加延安、商洛。

《陕西省城镇体系规划（2006—2020年）》突出了关中地区在全省城镇发展格局中的核心地位，《关中城市群建设规划（2008—2020年）》进一步强调了关中地区是引领全省整体发展的优势区域，《关中—天水经济区发展规划》将商洛确定为经济区次核心城市。在丝绸之路经济带与新型城镇化发展的新形势下，为进一步提升关中城市群在全省城镇发展格局中的战略地位，将延安、商洛纳入关中城市群规划范围，优化城镇发展空间结构，将有效带动陕北、陕南地区发展。

二是扩大辐射范围。包括陕西省的汉中、安康，甘肃省的庆阳、平凉、天水等。

通过研究关中地区周边区域的城市发展状况，分析交通联系、经济联系等，将与关中城市群紧密联系的陕西省的汉中、安康以及甘肃省的庆阳、平凉、天水作为关中城市群的辐射区。

通过空间格局优化，关中城市群规划范围总面积11.18万平方公里，辐射范围总面积10.3万平方公里。

2. 总体构架

构建“一主两副、两带多中心”的均衡发展空间结构框架（图2-9）。通过城市群十字形框架，支撑国家“两横三纵”城镇化战略格局。其中：

“一主”指关中城市群核心区；

“两副”指延安、宝鸡；

“两带”指丝绸之路经济带陕西段城镇发展主轴带、革命圣地—华夏古都城镇发展主轴带；其中，依托陇海铁路、连霍高速以及渭河形成的丝绸之路经济带陕西段城镇发展主轴带西起宝鸡、东至渭南，贯穿整个关中城市群；依托包茂高速形成的革命圣地—华夏古都城镇发展主轴带北至延安，串联西安，南抵秦岭，辐射陕西省的安康、汉中。

“多中心”指渭南、铜川、商洛、杨凌、韩城等。

3. 将延安、商洛纳入规划范围的意义

延安是中国革命圣地，是中国历史文化名城，黄帝和黄土的根文化对中华民族和中华文化的影响意义深远。同时，延安地域辽阔，矿产资源十分丰富，能源产业发展迅速，特色农业发展基础良好。在关中城市群格局拓展过程中，主动考虑与延安的协调发展，将有利于带动陕北榆林地区的发展，增强陕甘宁革命老区开拓创新活力，提高对内对外经济关联度，推动革命老区持续健康发展。

商洛是西北通往东南的交通要道，自古是兵家必争之地。同时，商

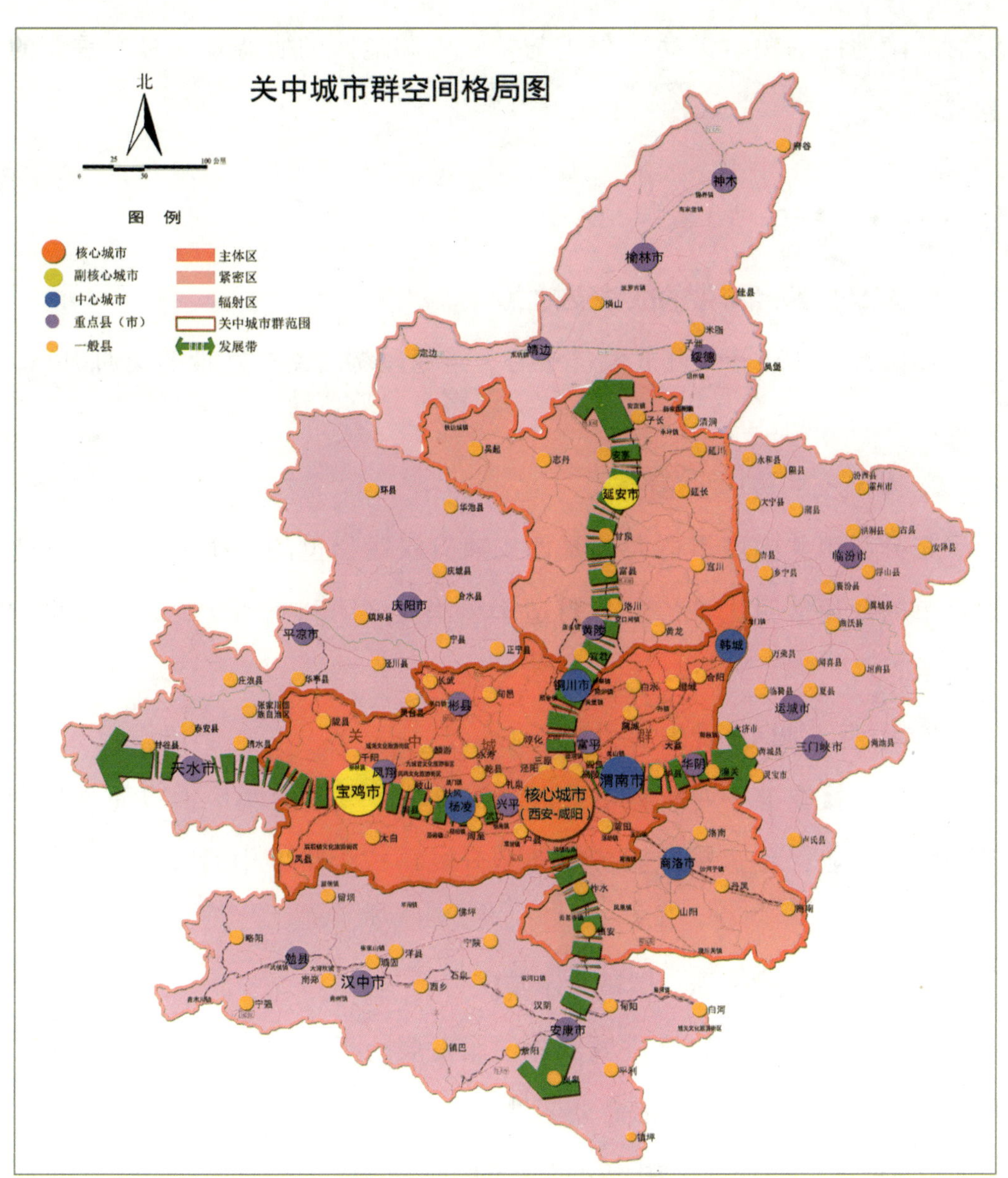

图 2–9　关中城市群空间结构

洛生态环境良好，历史文化深厚，旅游资源十分丰富。商洛是关中—天水经济区次核心城市，已融入西安一小时经济圈。因此，本次研究主动考虑将商洛纳入关中城市群规划范围，对于加强秦岭生态格局建设、增强对陕南地区的辐射带动、促进与长江中游地区的协调发展具有重要的意义。

（三）目标定位

1. 丝绸之路经济带的战略支撑点

建设我国内陆开发开放经济中心，连通丝绸之路经济带的交通中心，文化科教交流核心区。

2. 华夏文明传承示范区

充分利用关中城市群尤其是西安兼有汉唐盛世的传统文明与国际化大都市的现代文明优势，着力打造彰显华夏文明和东西文化相互交融的文化中心。

3. 中西部地区产业发展引领区

建设承接东部产业转移示范区、高端生产要素聚集区，注重发展劳动密集型产业，促进现代服务业转型升级，成为带领中西部地区产业发展的引擎。

4. 革命圣地推进新型城镇化示范区

坚持以人为本，以推进城镇化健康发展为目标，以延安城乡统筹发展先行示范，带动陕甘宁革命老区城乡一体化发展。

5. 军民融合型产业结构转型升级的示范基地

推进军民结合体制机制创新，提高军民结合企业自主创新能力，引导所有制经济参与国防科技工业建设，发展军民结合产业，实现军地经济有机融合、良性互动、优势互补、共同发展。

（四）发展策略

以“格局提升、文化彰显、科技引领、城乡统筹”作为城市群发展总体策略，全面提升关中城市群在国家“两横三纵”城镇化战略格局中的地位。

1. 格局提升

依托丝绸之路经济带建设，提升关中城市群在国家发展格局中的地位，带动区域发展实现新跨越。

2. 文化彰显

依托深厚历史文化积淀和科研教育资源，将关中城市群建设成为承故鼎新、东西融合、创新引领、多元包容的华夏文化展示中心。

3. 科技引领

依托科研院所、高等院校和军工企业等优势资源，坚持科技创新引领，加快科技成果转化，明确产业发展的重点方向，承接产业转移，加快转型升级，推进军民融合型产业发展，将关中城市群建设成为具有国际影响力的高端产业发展基地。

4. 城乡统筹

依托良好的自然基底，高度重视生态安全，划定生态保护红线，按照“建好西安，做美城市，做强县城，做大集镇，做好社区”的思路，指导城市群内部各级城市、镇和村庄建设，划定城市开发边界，提高城镇建设用地利用效率，推动城乡均衡协调发展。

（五）发展目标

2020年，预计关中地区国内生产总值达到2.5万亿元，第三产业比重达到50%，常住人口约3000万人，城镇人口约1950万人，城镇化水平达到65%；城镇体系实现优化重构、城乡一体发展基本实现；形成开放包容、集约高效的城市群发展新格局（表2-13）。

2020年关中城市群各市人口及城镇化发展预测　　表2-13

市（区）	常住人口（万人）	城镇人口（万人）	城镇化率（%）
西安市	920	780	85%
铜川市	90	70	78%
宝鸡市	400	235	59%
咸阳市	510	310	61%
渭南市	560	260	46%
杨凌示范区	35	25	71%
延安市	235	155	66%
商洛市	250	115	46%
合计	3000	1950	65%

数据来源：依据2007～2012年陕西省统计年鉴相关数据进行预测。

五、推进关中城市群建设发展的实施路径

（一）建设丝绸之路经济带的交通枢纽中心

1. 依托西安咸阳国际航空港，打造丝绸之路空中走廊

拓展西安至丝绸之路沿线其他城市的国际直达航线，逐步开通定期货运航班，打造丝绸之路空中走廊；整合城际铁路、高速公路、长途客运、城市轨道交通、常规公共交通等多种交通方式，为旅客提供便捷的换乘服务；预留西安第二机场选址。

2. 建设国家西部铁路综合枢纽

对接亚欧国家交通主干线，积极筹备开通西安至莫斯科和鹿特丹国

际货运班列，尽快将西安国际港务区融入国际港口体系。加快蒙西至华中煤炭运输通道、平凉至黄陵铁路煤炭运输通道建设，降低西安枢纽的过境压力。加快高速铁路建设，形成西安北客站、南客站两个铁路主要客运枢纽点，以及宝鸡、渭南、延安三个辅助客运枢纽。推进西安至大同、成都、武汉、包头、银川、西宁等地的高速铁路客运专线建设，增强关中城市与国内城市之间的通达性。

【案例】关中城市群1小时交通圈初步建成，西安的国际陆地港地位逐步打造

2013年12月28日，丝绸之路经济带上首条高铁—西宝客运专线开通。这条高铁进一步打开了西安向西的快速通道，标志着关中城市群1小时交通圈初步建成。

2007年，西安与宝鸡这两座城市间首开西宝动车组，让西安迈入了“高速铁路时代”；2010年，郑西高铁开通运营，让西安有了迅速东出的通途；2012年，西安至北京、武汉、广州、深圳、上海、延安多地高铁动车组的开通，让西安的“一日经济圈”覆盖了华北、华东、华南多座城市。西宝客运专线（高铁）作为徐（州）兰（州）客运专线的重要组成部分，加快了关中城市群间的交流协作，扩大了欧亚路桥通道运输能力，增强了路桥通道灵活性，提升了西安作为丝路经济带起点的作用力和影响力。

2013年11月28日，长安号国际货运班列西安发车。该班列车采取“一干两支”的开行路线（西安—鹿特丹、西安—莫斯科、西安—阿拉木图），以及分两期实施的开行规划（西安—中亚、西安—欧洲）。开行“长安号”国际货运班列，是陕西省深入贯彻习近平总书记战略构想，紧抓“丝绸之路经济带”建设重大机遇，认真落实省委、省政府战略部署的务实举措，对进一步积聚整合通往欧亚的铁路运输资源、打造经济带上最大的国际陆地中转枢纽港奠定基础。

3. 加快高速公路网建设

争取上合高速公路第一阶段从圣彼得堡延伸至西安，实现中国西部—欧洲西部公路对接；加快榆商高速、西咸环线、定汉高速建设；新建杨凌—彬县—铜川—蒲城段高速公路，加快关中城市群交通格局网络化发展。

4. 重点推进关中城际轨道交通建设

加快建设西安至延安、韩城以及商洛方向的城际铁路，将户县、杨凌、阎良、渭南作为城际铁路的外围支点，完善服务职能。建设西安北客站—机场、西安—阎良—富平—铜川、宝鸡—礼泉—阎良、法门寺—户县—新南站的城际铁路，与西安地铁共同形成多种运输方式无缝衔接的关中快速轨道交通体系。

【案例】关中城市群城际铁路网规划

中铁第一勘察设计院集团有限公司编制的《关中城市群城际铁路网规划》，提出构建以西安为中心，以宝鸡—西安—渭南为主轴，覆盖整个关中城市群的“辐射+环”状路网结构（图2-10）。

按照规划，关中城际铁路网规划共包括13条线路，其中3条利用在建或已建线路，其余10条为新建线路。到2015年，陕西省将实施西安—阎良—富平—铜川（印台）和西安北—机场两条线路的建设，总长度136公里；到2020年，将实施铜川（印台）—黄陵—延安线、机场—法门寺线、

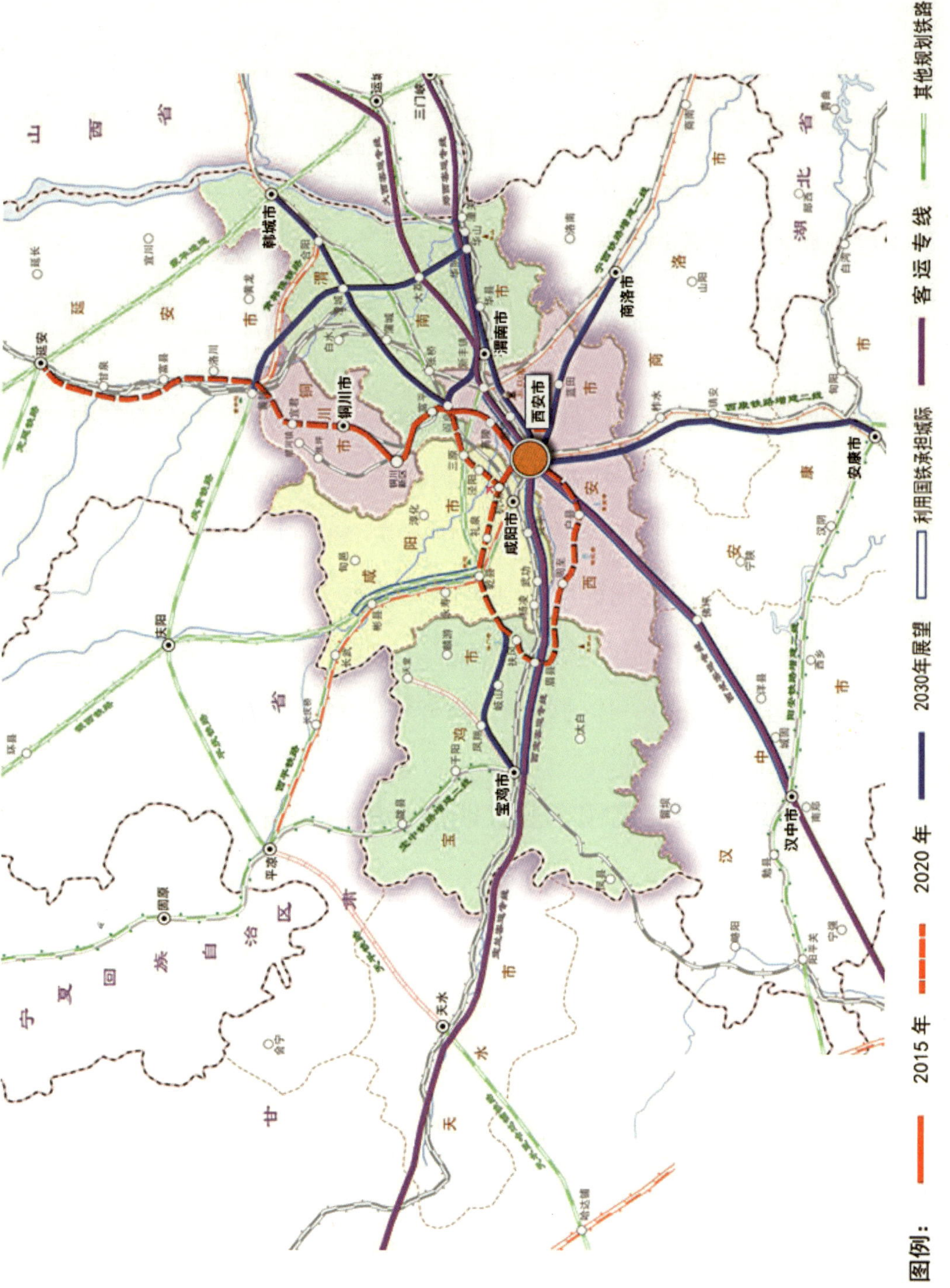

图 2-10　关中城市群城际铁路网规划示意图（2011~2020 年）

西安—户县—周至—眉县—法门寺线和阎良—三原—泾阳—机场线等4条线路建设，关中城市群线网规模达到501公里；到2030年，将实施渭南北—阎良线、法门寺—宝鸡线、西安—临潼—兵马俑—渭南—华阴—潼关线、阎良—蒲城—韩城线、西安南—蓝田—商州线、西安南—柞水—安康线、华阴—大荔—澄城—黄龙—黄陵线等7条线路建设，关中城市群城际铁路线网规模达到1117公里。

5. 加快信息产业发展，打造物流枢纽中心

建立互联网数据中心，向国内、国际各类型客户提供大规模、高质量、安全可靠的服务器托管、带宽租用、灾备中心建设以及服务外包的信息数据交换，使信息化程度达到国际先进水平；建设以国际港务区为龙头，以陈仓、潼关、铜川、杨凌物流园为辅助，集信息服务、商品交易、仓储加工、运输配送为一体的丝绸之路经济带物流枢纽中心。

（二）打造中华文化和华夏文明展示中心

1. 加强历史文化保护

加强历史文化名城、名镇、名村保护。加快大遗址保护规划与建设，形成以周秦汉唐大遗址保护为核心的关中大遗址保护带。

【案例】西安市历史文化保护工作经验

西安作为历史文化名城，一直把古城保护作为重点，坚持“保护为主，抢救第一”的原则，整合历史资源，树立区域理念；继承传统格局，划定保护重点；合理规划，有序发展，保护了大批历史文化遗址和文物。

图 2-11 西安市大明宫遗址公园丹凤门

近年来，西安市进行了大量的名城保护实践活动。实施了汉长安城东城墙保护工程、大明宫考古遗址公园、天坛遗址、汉长安城未央宫、长乐宫、城墙重要段落等20多项保护展示工程（图2-11）；实施了汉代帝陵、汉长安城遗址考古等工作及30多项文物抢救维修、保护展示工程。这些工程的实施，使文物保护工作从局部保护转变为全面保护，从单纯的本体保护转变为涵盖周边环境的综合性保护。通过组织编制《大明宫地区保护改造总体规划》、《汉长安城遗址公园概念性规划》、《汉长安城遗址区建设规划研究》，积极探索大遗址保护与利用的新模式。

2. 传承丝路文明

与丝绸之路沿线城市签署文化合作协议，共同建设丝绸之路经济带文化长廊；继续推进丝绸之路申遗工作，加强丝路沿线的文物古迹、非物质文化遗产保护工作。

3. 加快文化产业发展

发展文化旅游、文化创意、动漫影视、现代艺术等，建设丝绸之路经济带现代文化传播先行区；加快与丝绸之路沿线城市、地区的旅游合作，打造丝绸之路精品游线；争取在西安建设上合组织大学中国校区，开展高端人才培养、留学生教育、青少年互访活动。

4. 建设具有文化特色的城市

依托西安（咸阳）国际化大都市建设，着力大唐文化复兴。加强与丝绸之路沿线城市的交流与合作，打造丝绸之路文化旅游产业合作示范区。推进汉长安城国家大遗址保护区、五陵塬皇家陵园保护区的保护与开发。

建设宝鸡西府[①]文化聚集地。以展示周秦文化、始祖文化、姜炎文化、佛教文化、生态旅游文化、西府民俗文化为主，着力推进法门寺太白山综合旅游区、秦岭都市旅游区、历史古迹旅游区、关山草原风光旅游区和岭南山水旅游区的开发建设。加强岐山锣鼓、陈仓社火、西岐民俗、凤翔泥塑、木版年画、炎帝祭祀等非物质文化遗产的保护。

建设延安寻根祭祖、红色文化旅游胜地。以“两黄两圣”为依托，发挥革命圣地、延安精神、黄土风情、红色文化、黄河文化，把延安建设成为中国红色旅游首选地、陕北黄土风情文化开发传播基地。加快安塞腰鼓、洛川蹩鼓、宜川胸鼓、陕北说书、陕北民歌、安塞剪纸、陕北秧歌、延川布堆画等非物质文化遗产的保护与开发。

建设铜川休闲养生文化体验区。深入挖掘药王养生文化、大香山、玉华宫宗教文化、照金红色文化、耀瓷文化、生态休闲文化资源的开发和利用，打造耀瓷文化、佛教文化、医药文化三大文化精品，建设孙思邈医药

① 西府：泛指陕西关中以西区域。一般指咸阳以西，北至彬县、中含武功、兴平、礼泉，西至宝鸡市，现多指宝鸡。西府曾为周秦文化的发源之地，是青铜器之乡，民间工艺美术之乡，也是秦腔发源地，至今以陕西西府方言为代表的宝鸡话保留有很多古老的发音，是最接近于周礼之雅言、国语的语言。

思想研究展览馆，发展耀瓷工艺品生产，开发玉华宫唐玄奘佛教资源。

建设渭南生态山水、东府[①]文化展示区。重点建设韩城古建筑、洽川湿地、蒲城帝陵区、富平帝陵、华山五大文化旅游片区，传承华夏文明，打造“河山圣地”、“民俗之城”、“文字之都”。

建设杨凌科技农业文明示范基地。发挥雄厚的现代农业科技、教育优势，围绕农业科研、农业教育、现代农业观光、农业会展等四大文化主题，打造传统与现代结合的农业文明示范基地。

建设商洛生态文化展示中心。重点突出以山、峡、洞、水、林自然生态文化和与之相适应的人文生态文化。挖掘秦岭生态山水文化，重点建设金丝峡、木王、天竺山、牛背梁等自然景区；通过仙娥湖、大云寺、贾平凹故居、船帮会馆、武关胜寨等景观建设，彰显商洛历史人文文化内涵。利用现代文化包装扩大商洛花鼓、洛南静板书、柞水渔鼓等国家非物质文化遗产项目的传播影响力。

（三）推进新型城镇化发展，促进区域城乡一体化

1. 划定生态空间格局，优化城镇化布局，提高城镇建设用地利用效率

严格保护城乡生态本底，以秦岭、渭北台塬、黄土高原为生态屏障，扩大绿色生态空间比重，在划定生态保护红线和城市开发边界的基础上引导城乡建设，切实提高城镇建设用地集约化程度。

2. 改善乡村地区人居环境，推进基本公共服务均等化，建设美丽乡村

注重乡村发展与自然生态基底、特色农林资源和历史人文条件的有

① 东府：是渭南的古称，是中华古文明与古文化的重要发祥地之一，三圣（字圣仓颉、史圣司马迁、酒圣杜康）、三贤（大诗人白居易、韩国公张仁愿、一代名相寇准）故里。

机结合，建设美丽乡村；在有条件的村庄，按照“居住集中化、环境生态化、管理社区化、设施城镇化”的建设要求，推进新型农村社区建设。统筹城乡基础设施建设，不断改善乡村地区人居环境，实现基本公共服务设施均等化布局。

3. 加快延安城乡统筹的先行示范，带动陕甘宁革命老区跨越发展

延安是中国革命圣地，是陕甘宁革命老区的核心，率先实现延安城乡统筹意义重大。依托关中优势资源，结合延安自身特色，将延安纳入关中城市群规划范围，作为城市群副中心，是加快延安与关中地区协同发展的重要举措，也是推进延安城乡统筹发展的新动力。充分发挥延安城乡统筹先行示范作用，对于带领陕甘宁革命老区跨越发展具有积极的意义。

（四）加快军民融合型产业发展

1. 鼓励军工经济积极融入区域经济发展，择优扶持重点企业和产业项目

把推动军民结合产业发展作为融入区域经济、提升关中城市群国家战略地位的重要举措，将军民结合企业相对集中的西安、宝鸡、咸阳、渭南，以及辐射区内的汉中、天水、平凉等地的重大军民结合建设项目同时纳入地方工业发展布局，做好军工经济与区域经济规划和政策衔接。

通过加大自主创新和技术改造力度，加快培育形成一批掌握核心和关键技术、拥有自主知识产权的高新技术企业，增强企业的自主创新能力和市场竞争力，推进产业结构调整和优化升级。重点在民用航空、民用航天、专用设备制造、电子信息、特种化工和精细化工、新能源、新材料等产业领域，加快军民结合产业化项目发展，促进产业结构优化升级，形成新的增长点（表2-14）。

军民结合产业优化项目 表 2-14

重点领域	重点项目
民用航空	大型飞机、支线飞机、通用飞机、航空发动机、飞机起落架、机载设备和航空关键零部件，以及转包生产、飞机维修等
民用航天	卫星有效载荷和地面应用设备、星载设备、气象火箭、特种泵阀等
专用设备制造	大型化工设备、大功率柴油机、工程机械设备、制冷设备、电力产品和新型纺织机械等
电子信息	通信和导航设备、半导体照明设备、电子元器件和电子专用材料等
特种化工和精细化工	精细化工品、医药化工品、新型农药和民用爆破器材等
新能源	核电设备、核仪器设备、风力发电设备、军民用光伏组件等
新材料	液晶显示材料、碳纤维材料、特种钛合金材料、核电材料等

2. 建设军民结合产业发展平台，建立军民两用技术成果转化和科技资源共享体系

依托西安国家民用航天产业基地、西安阎良国家航空高技术产业基地、兵器工业西安科技产业基地、西安船舶科技产业园、西安高新区电子工业园、宝鸡钛（锆）业工业园、西北工业技术研究院等军民结合产业基地和园区，加快推进军民结合产业发展平台建设，努力打造创新能力强、产业集聚度高、特色鲜明、具有国际竞争力的军民结合高技术产业聚集区。

加快军民兼容科技平台建设，支持军工单位、民口单位和大专院校建立或共建军民两用技术开发中心、工程实验室、重点实验室和中试基地，建立军民结合技术服务、技术市场、科技成果信息发布等转化服务体系。充分发挥国防和民口重点实验室、研发中心、计量中心、大型仪器和设备等科技资源的作用，采取有效的市场化运作方式，实现军工和地方科技资源共享。

3. 依托航空产业资源禀赋，加快通用航空产业发展

蒲城通用航空产业园以培育通用航空产业集群为核心，重点发展通用飞机整机制造、零部件加工、私照飞行培训、航空俱乐部、航空旅游博览等产业；未来随着空域的逐步开放，关中地区部分军用机场可发展为通航机场；结合区域旅游资源和现代农业资源，创新休闲旅游、农业作业新模式，推动区域经济社会发展，打造军民融合型产业发展新样板。

（五）加快优势产业升级，加强产业协作与分工

1. 建设统筹科技资源改革示范基地

以西安为中心，以实施重大科技创新工程为抓手，以重大科技成果转化及产业项目建设为纽带，有效整合中央与地方、军工与民用、高校院所与企业的科技资源，建设区域科技资源服务平台，建设一批企业技术中心、工程中心。提升核心和关键领域自主创新能力，为战略性新兴产业发展提供技术支撑。在先进装备制造、电子信息、现代农业、生物医药等领域建设一批科技产业示范基地，实现优势产业更高水平的发展。

2. 加快优势产业转型升级

一是加快高新技术产业发展。以航空航天、电子信息、生物医药、节能环保、新材料、新能源、农业科技等产业为主，建设国家高新技术研发基地、国家战略性产业基地和国家科技人才培养基地。

二是大力发展先进装备制造业，打造丝绸之路经济带先进装备制造业基地。以航空航天、国防科技装备、汽车、通用专用设备、输配电制造为主，运用高新技术，加快改造步伐，推动重大装备自主化、成套化、高端化，培育一批具有自主知识产权和品牌产品的龙头企业，以宝鸡—

天水、咸阳—兴平、西安—铜川为集中布局区域，加强产业集群建设。

三是提升现代服务业，建设丝绸之路经济带高端服务业基地。加快现代物流产业发展，建设物流基础设施和信息服务平台，强化新筑、空港、陈仓、潼关等重要物流节点，打造丝绸之路经济带物流集散地。以西安综合保税区、高新区综合保税区及出口加工区为基础，建立西安自由贸易园区。健全区域金融体系，打造欧亚金融大中心，积极引进更多国内外银行、证券、保险等金融总部或分支机构或金融商务区落户关中。加快文化产业发展，以国际会展、国际教育、创意设计、旅游服务、信息、数据产业为主，建设具有世界影响力的国家文化创新示范区。

3. 促进产业协作与分工

一是加快区域产业联动发展。加强关中城市群与兰州—西宁城市群的协调发展，加强在装备制造、航空航天、医药健康、新材料、新能源、现代农业等方面的分工与协作，扩大金融服务、商贸物流、文化旅游、人才培养等服务业领域开放合作，拓展关中城市群向西开放的深度。跨区域建设宝鸡—天水先进装备制造业基地，联合辐射区内平凉、庆阳等地的能源资源，促进关中城市群能源化工产业向资源综合利用、深度利用延伸；充分发挥辐射区内汉中、安康、天水等地的旅游资源，加强区域旅游合作，形成大旅游协作区。

二是加强城市群内部产业优势互补。加快西安（咸阳）国际化大都市中心城区建设，着力打造高新技术创新研发基地、高端人才培养中心、区域金融中心以及华夏文化核心展示区。逐步将中心城区部分功能以及能源化工、装备制造、食品加工等产业转移到周边阎良、临潼、户县、富平、三原、礼泉、兴平等城市。**促进宝鸡、延安、铜川、渭南、商洛、**

杨凌、韩城的产业协同发展。宝鸡重点发展装备制造、新材料研发和生产基地，同时承担区域交通枢纽和物流中心的职能；延安重点发展能源化工、文化旅游、特色农业，也承担了陕甘区域交通枢纽和物流中心的职能；铜川建设服务西安大都市的建材供应地、装备制造业零部件配套基地、果菜食品供应地以及与西安对接互补的物流配送中心；渭南重点发展装备制造、能源化工、现代农业；商洛应着力发展以休闲度假为主的生态旅游；杨凌重点发展农业科技研发、现代农业；韩城重点发展能源化工、装备制造、新型建材和文化旅游产业，同时承担陕晋区域性物流中心的职能。

六、关中城市群建设发展的近期行动

（一）近期目标

2015年，关中城市群预计实现国内生产总值1.5万亿元，第三产业比重45%，总人口约2900万人，城镇人口约1700万人，城镇化水平达到59%。城市群综合承载力大幅提升，城镇化质量显著提高，关中城市群新格局基本成型（表2-15）。

2015 年各市人口及城镇化率预测　　表 2-15

市	常住人口（万人）	城镇人口（万人）	城镇化率（%）
西安市	900	675	75
铜川市	87	61	70
宝鸡市	390	207	53
咸阳市	500	275	55
渭南市	545	229	42

续表

市	常住人口（万人）	城镇人口（万人）	城镇化率（%）
杨凌示范区	25	20	65
延安市	230	138	60
商洛市	235	94	40
合计	2900	1699	59

数据来源：依据2007~2012年陕西省统计年鉴相关数据进行预测。

（二）重点任务

1. 率先推进关中城市群“一核一带”建设

一是加快关中城市群核心区建设。落实国家相关规划，编制《关中城市群核心区总体规划》，统筹区域关系；以现代田园城市理念，推进西咸新区创新城市发展方式示范区建设；提请住建部审批《关中城市群核心区总体规划》，提高规划权威性，推进西咸一体化进程。

【案例】西咸新区的创新发展

西咸新区位于陕西省西安市和咸阳市建成区之间，区域范围涉及西安、咸阳两市所辖7县（区）23个乡镇和街办，规划控制面积882平方公里，建设用地面积272平方公里。西咸新区作为首个以创新城市发展方式为主题的国家级新区，通过三年的开发建设在城市发展方式上做出了很多探索，积累了一定的经验。

大开大合——划定城市发展边界。明确城镇边界，形成“核心板块支撑、快捷交通连接、优美小镇点缀、都市农业衬托”的城市格局，构建城乡融合共生的市镇体系。

产城一体——打造产业园区升级版。抓住新一轮产业转移、升级的机遇，西咸新区规划布局新一代、升级版的十大产业园区（图2-12）。

城乡一体——推动以人为核心的城镇化。加快两个转化，即农民转化为市民、农业转化为城市产业，保证农民带着两个资本进城，即通过农地确权、流转，建设现代农业园区。部分农民进镇落户，农民既是土地拥有者，又是职业农民。

融入自然——保护生态环境和历史文化。制定文化遗产保护总体规划，对全域30处遗址划定保护紫线，通过植树造林对大遗址带进行完整保护。治理渭河、沣河、泾河，保留农田、河流、山川、湿地，建设城市生态廊道。

二是加强沿渭城镇带建设。加快宝鸡、杨凌、渭南等城市建设；加快眉县、武功、兴平、华阴、潼关等中小城市建设；重点推进眉县常兴镇、杨凌示范区揉谷镇、高陵县泾渭镇、潼关县秦东镇、周至县哑柏镇、阎良区关山镇、岐山县蔡家坡镇、临潼区零口街办等8个沿渭重点示范镇建设工作。加强历史文化名城名镇名村保护，开展智慧城市试点工作。加快渭河整治，建设渭河两岸生态林带和生态公园；以西咸新区渭河生态景观带和宝鸡、杨凌、渭南城市滨水景观带建设为重点，打造河、林、田、城于一体的城市滨水特色功能区。加快渭河沿线农业产业现代化，推进产业园区发展。

2. 提高城市规划建设水平

一是提高城乡规划和建筑设计水平，提高建筑工程质量。完善城乡规划前期研究、规划编制、衔接协调、专家论证、公众参与、审查审批、实施管理、评估修编等工作程序，提高规划编制科学化、民主化水平；规范规划设计市场，通过方案咨询、征集比选、公开招标等方式，提高

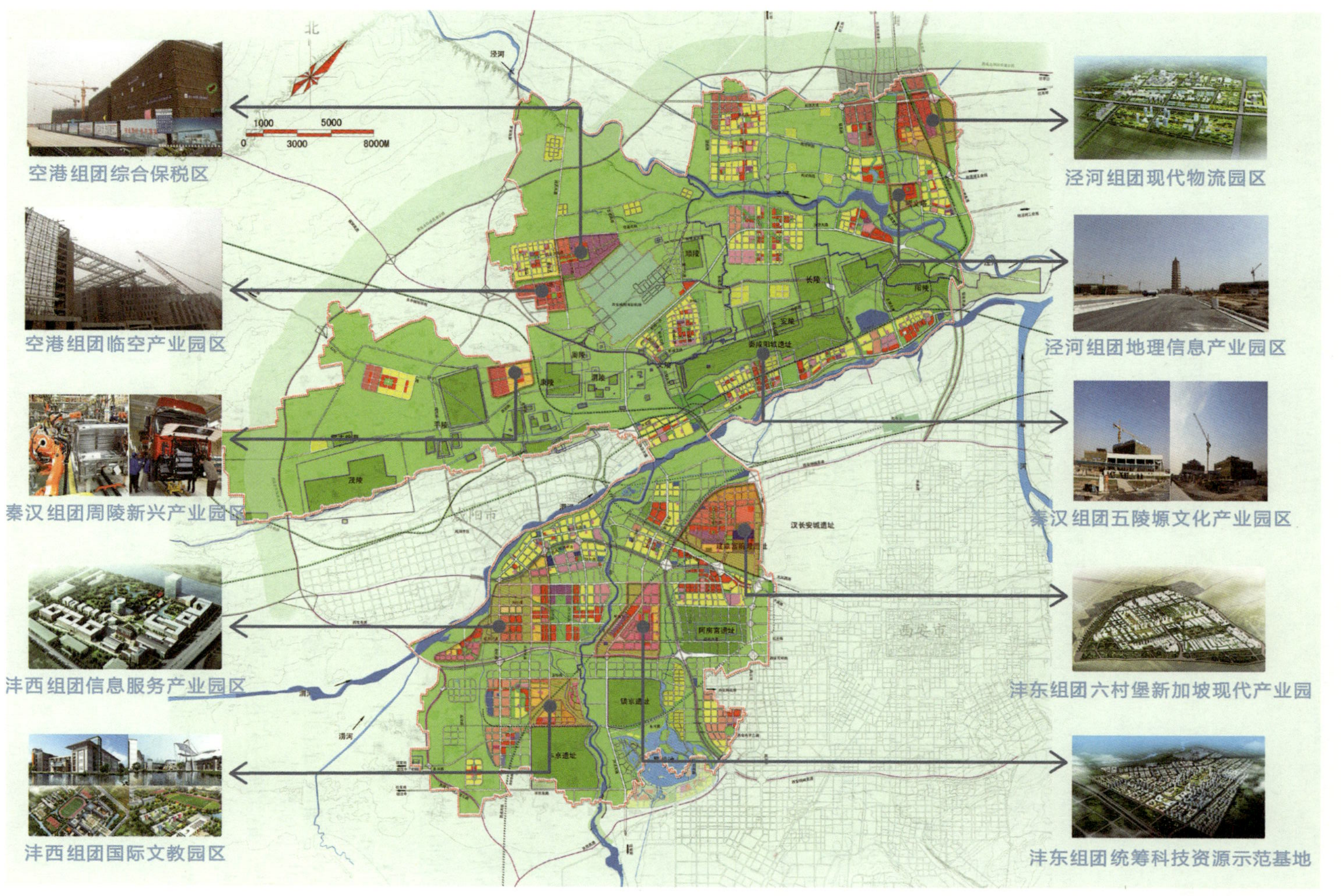

图 2-12　西咸新区十大产业园区

规划编制、建筑设计水平；通过实施监管督察、建立责任追究制度、建设考核指标体系、加强信息化管理等多种方式强化规划管控，保证规划实施；加强建筑市场各类主体的资质资格管理，推行质量体系认证制度，强化建筑工程的监督检查工作。

二是加快相关规划编制工作。按照新形势、新要求修编《关中城市群建设规划》，加快《关中城市群绿道网建设规划》、《关中城市群核心区综合交通系统规划》等规划编制工作。

三是在县级层面推进“三规合一”[①]试点工作。科学编制总体规划，促进有条件地区的经济社会发展总体规划、城市规划、土地利用规划的有机衔接，推进新型城镇化发展。通过“三规合一”，确保县域重要发展片区、发展项目顺利落地实施，逐步实现交通、电力、水利、环保等专业规划的“多规融合”。

四是加强历史文化名城名镇名村保护。推进潼关县城、岐山县城、陇县县城，陇县固关镇、耀州区孙塬镇、澄城县尧头镇，礼泉县烟霞镇袁家村、礼泉县烽火镇烽火村、蓝田县葛牌镇石船沟村、淳化县秦河乡桃渠塬村等城镇、村庄的历史文化保护工作；加快历史文化名城、名镇、名村保护规划编制，加强规划实施情况的监督检查。

3. 加快交通网络建设

一是加快高速公路网建设。加快3条高速公路建设：定汉高速、西咸环线、榆商高速；新建1条高速公路：杨凌—彬县—铜川—蒲城；建设4个外围交通枢纽：杨凌、彬县、铜川、蒲城（图2-13）。

---

① 三规合一：将国民经济和社会发展规划、城市总体规划、土地利用规划中涉及的相同内容统一起来，并落实到一个共同的空间规划平台上，各规划的其他内容按相关专业要求各自补充完成。

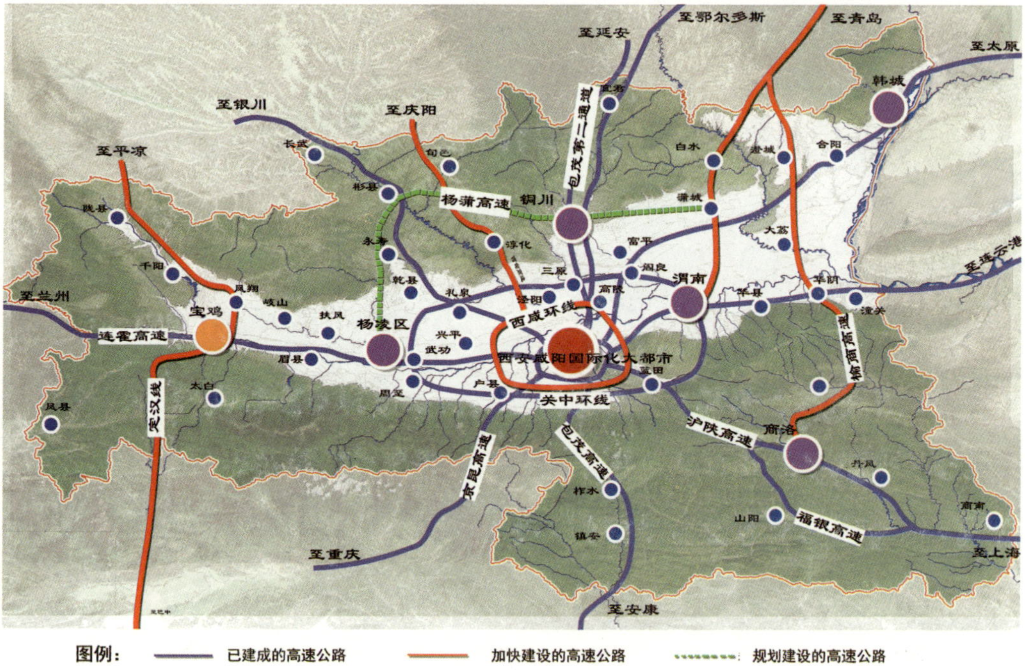

图例： 已建成的高速公路 加快建设的高速公路 规划建设的高速公路

图 2-13 高速公路网近期建设规划图（2014~2015 年）

二是加快关中城际铁路网建设。 建设西安北客站—机场、西安—阎良—富平—铜川（印台）的城际铁路。

三是加快核心区综合交通网络建设。 加强渭河沿线城市（城镇）轨道交通、快速道路等的衔接。加快核心区BRT线网规划，在有条件的城市推行BRT模式。加快核心区综合交通换乘枢纽建设，实现城际铁路、BRT、地铁、常规公交、公共自行车系统零换乘。

四是依托绿道网规划，加快慢行系统建设。 沿渭河、关中环线、G312、G108、G210等，构建“一轴一环两带多辐射、绿耀群城、山水衬底”的绿道网（图2-14）。加快关中环线、渭河廊道、关中西部、关中东部等4条主线建设，串联300多处森林公园、自然保护区、风景名胜区、湿地保护区和历史文化遗迹等发展节点；沿省道、县乡道建设绿道网支

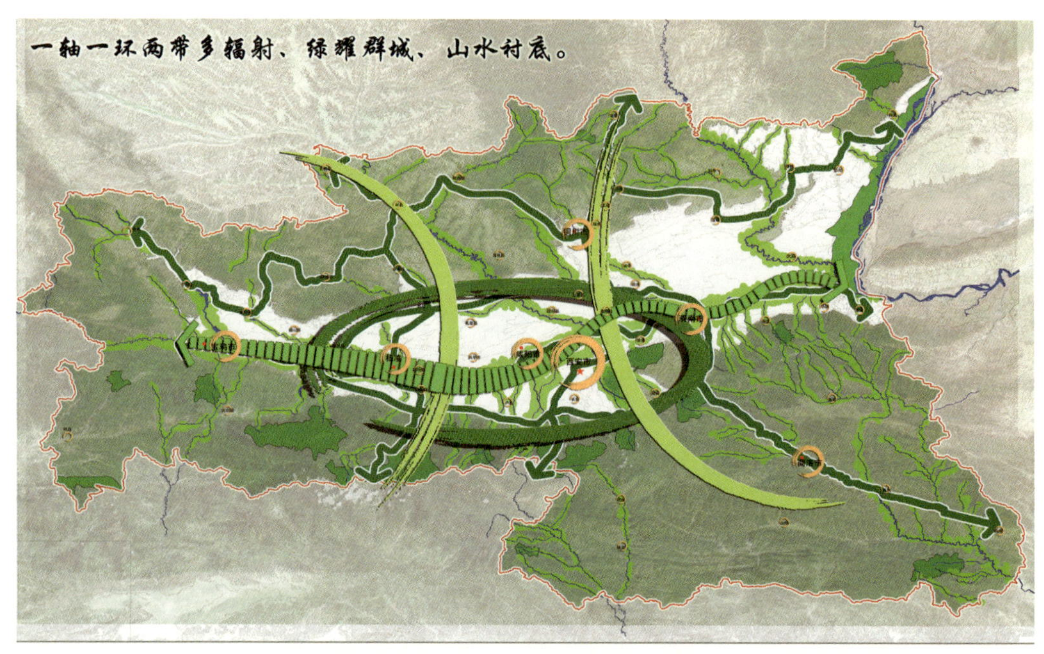

图 2-14 绿道网近期建设规划图（2014~2015 年）

线，串联8个沿渭重点示范镇[①]和17个文化旅游名镇[②]；建设步行道、自行车道、电瓶车道以及配套的换乘中心、服务点、观景平台等。加快城市滨河绿道建设，依托河流水系，优化城市空间布局，建设滨河绿道，增强城市山水特色。重点加快西安（咸阳）国际化大都市渭河段、宝鸡渭河段、渭南渭河段、沈河段滨河绿道建设。

4. 加快基础设施建设

一是加快城市群基础设施共建。从区域整体利益出发，打破行政壁

① 8 个沿渭重点示范镇：眉县常兴镇、杨凌示范区揉谷镇、高陵县泾渭镇、潼关县秦东镇、周至县哑柏镇、阎良区关山镇、岐山县蔡家坡镇、临潼区零口街办。

② 17 个文化旅游名镇：户县祖庵镇、周至县厚畛子镇、蓝田县葛牌镇、蓝田县玉山镇、武功县武功镇、永寿县永坪镇、印台区陈炉镇、耀州区照金镇、白水县林皋镇、大荔县朝邑镇、柞水县凤凰镇、山阳县漫川关镇、镇安县云盖寺镇、麟游县九城宫文化旅游街区、凤翔县城关文化旅游街区、凤县双石铺文化旅游街区、岐山县凤鸣文化旅游街区。

垒，建立高效的协调机制，推进基础设施同步规划、有机衔接、有序建设。加强城市群重大基础设施建设，形成完善的城市交通体系和城际交通走廊。加大城市群内部中小城市和乡镇的生活垃圾和污水处理等环境卫生设施建设力度，不断完善城市群生态设施建设水平。切实做好水和大气环境治理，污染企业关停搬迁以及生态植被建设和保护，彰显关中城市群良好的生态优势。

二是加大城市基础设施提升改造力度。城市群各主要城市加大对基础设施的投资，旧城区基础设施以提升改造为主，新区建设以配套完善为主。同时更加关注民生项目建设，如停车场、城市绿道、公园绿地、休闲广场等，不断提升城市生活品质，让城市建设的成果惠及百姓，提升市民的幸福感和满意度。城市群内部核心城市注重开发地下空间资源，做好地铁站与人防工程的开发和利用，使有限的空间发挥出巨大的潜力，有效提升城市空间的承载能力。

5. 推进城市绿色、生态、智慧发展

一是发展智慧城市。建立智慧城市综合评价指标体系，选择一批符合条件的城市，开展智慧城市试点工作。加快城市公共信息、城市建设管理、城市政务等服务平台建设，促进跨部门、跨行业、跨地区的信息共享和业务协同，促进城市规划管理信息化、基础设施智能化、公共服务便捷化、产业发展现代化、社会治理精细化。

【案例】2017年将建成“关中智慧城市群”

根据《陕西省人民政府关于促进信息消费扩大内需的实施意见（陕政发〔2013〕55号）》，陕西省将重点建设“数字陕西–智慧城市”和“宽带陕西”工程。加快智慧教育、智慧医疗、智慧食品药品监管以及智慧信用、智能交通和城市一卡通、智慧城管、智慧社区等重点服务工程建设。到2015年，基本建成“数字陕西”，2017年基本建成“关中智慧城市群”。

在“数字陕西-智慧城市”支撑服务体系建设方面，全省将建设大带宽、高品质、双冗余的省、市、县、乡四级电子政务网，实现各级政务部门网络互联、业务互通，有效支撑社会管理和公众服务业务。

在“宽带陕西”建设方面，全省将推进城镇光纤到户，扩大农村地区宽带网络覆盖范围；积极开展城市公共区域无线网络热点建设；加快建设西安国家级互联网骨干直联点，增加网间互联带宽，扩充出省带宽。

到2017年，全省将发展宽带用户850万户，建设无线网络热点30万个，西安直联点互联带宽达到100G，出省带宽超过5TB。

二是发展绿色建筑。通过政府引导，制定推广绿色建筑的政策策略；实施绿色建筑行动计划，完善绿色建筑标准及认证体系，扩大强制执行范围，加快既有建筑节能改造，大力发展绿色建材，强力推进建筑工业化。

三是推广清洁能源。加快推进城市清洁能源供应设施建设，积极发展太阳能、生物质能、地热能、风能等清洁可再生能源。

四是加强生态屏障建设。重点建设大秦岭国家级生态文明示范区、渭河生态廊道、国家级黄河湿地自然保护区，加强渭北台塬水土保持林建设、陕甘宁革命老区的生态治理。

建立大秦岭保护利用新格局。以建设大秦岭生态文明示范区为目标，构建大秦岭生态安全新格局，建设美丽中国最佳体验地、国际大秦岭生态保护样板区，实现美丽大秦岭梦。维护大秦岭生态安全。各城市在基础设施建设、经济发展中自觉维护大秦岭生态环境体系，研究和应用保护的新思路、新办法。

打造渭河生态廊道。全面实施《渭河全线整治规划》，按照修堤、治河、滩岸综合开发利用的思路进行全线系统治理，建设渭河两岸生态林带和生态公园，打造横跨关中的八百里绿色屏障。

打造国家级黄河湿地自然保护区。按照“全面保护、突出重点、合理规划、永续利用”的原则，建立以保护河流湿地生态系统和珍稀水禽为主，集湿地科学研究与检测、国际交流宣传教育、生态休闲旅游和湿地生态示范等于一体的国家级河流湿地类型自然保护区。

推进渭北台塬水土保持林建设。推动退耕还林和天然林资源保护工程建设，在保护好现有森林资源的前提下，开展塬边、沟坡水土流失严重地段生物治理，加强迎坡面绿化，提高林灌草覆盖率。在山坡、塬坡、沟坡、沟头、沟谷大力营造水土保护林，控制水土流失。

加强陕甘宁革命老区的生态治理。推进重点生态工程建设。推动黄河水土保持和黄土高原淤地坝建设。推进石漠化水土流失治理。继续加强退耕还林、荒山绿化、国家森林城市创建、森林防火等工作，将延安建设成为全国生态建设和林业发展的样板。

（三）保障措施

1. 建立关中城市群合作平台

一是建立综合协调机制。推进公众参与，建立公开、透明、科学的规划议事制度；加强规划成果质量监督检查，建立奖罚机制；建立与国土、环保、园林绿化、文物等部门的协调工作制度。

二是建立市长交流平台。定期举办市长交流论坛，加强相互学习、相互交流，共同研究解决城市群发展中的共性问题，探讨推动城市群健康发展的新思路、新途径。

三是开通"百姓—市长交流台"。依托互联网、邮政信件、专线电话、官方微博、官方微信、手机短信等载体，倾听百姓意见、汇聚百姓良策、维护百姓利益，共同促进城市群健康发展。

2. 建立合作共赢的发展机制

一是推进人才区域共享。积极探索和建立城市群中通行通用的人口迁移、教育、医疗、就业、养老、失业、医保等政策，联手构建统一的制度框架和实施细则。

二是建立区域共同发展基金。依靠每年各市财政收入、国有土地使用权出让转让收入及公共设施有偿使用收入上缴省财政的一部分，用于统筹城市群部分基础设施和公共服务设施的建设，以平衡区域发展、避免重复建设。

三是加快资源区域共享。实行资源跨地区、跨部门、跨行业优化配置，对土地、原材料、能源等资源，通过开放市场、调整价格及降低消耗等途径，实现最大程度的区域共享。

3. 加快实现城市精细化管理

综合利用现代信息技术，有效整合城市管理资源，推进数字化管理的实施。逐步将数字化网格终端延伸到街道、社区，实现城市管理重心下移，构建数字化城市管理模式，形成政府监督指挥、部门协调配合、市民广泛参与的城市管理新格局。

4. 建立监督考评新机制

一是鼓励公众参与，强化民主监督。完善社会监督机制，鼓励公众积极参与规划的实施和监督。做好规划及相关信息的公开工作，不断提高公众规划意识，保障区域居民通过法定程序和渠道参与规划的实施和监督。加强对各项规划的协调以及实施的监督检查，协调解决发展过程中出现的问题。实行重大项目和事项的公示、听证制度，进一步完善民主决策程序。

二是建立考评机构，促进协同发展。制定客观反映城市群建设发展的考核指标，邀请省内外相关专家学者组成城市群考核办公室，定期对内部各城市（城镇）进行考评；建立城市群内部相互关联的考核机制，促进协同发展，实现共同进步；针对城市群中发展好的城市（城镇）给予资金和政策上奖励。

附：课题组主要成员名单

课题组组长：史怀昱（陕西省城乡规划设计研究院院长、国家注册规划师、教授级高级工程师）

课题组成员：王　晟　李　怡　赵海春　文　雯　石会娟　李　帅　陈　诚　刘东旭　刘　亮　王月英

第三章

推进陕西省城乡一体化发展研究

城乡一体化是解决“三农”问题的根本途径，是全面建成小康社会的重大战略，是科学推进新型城镇化的有效举措，也是城乡居民共享发展成果的根本保障。当前陕西省经济社会快速发展，已进入以工补农、以城带乡的新阶段，推动城乡一体化发展对于加快“三个陕西”建设，打造西部强省具有重要意义。随着工业化、信息化、城镇化、农业现代化同步加快发展，中央全面深化改革、共建丝绸之路经济带深入实施，陕西城乡一体化将迎来新的发展契机。

一、城乡一体化理论与实践探索

（一）城乡一体化的内涵认知

一般来讲，城乡一体化是城镇化处于高级阶段后所表现出的一种客观规律，是生产力达到一定水平后呈现的一种新型城乡关系。从我国国情出发，城乡一体化是现代化和城镇化发展的一个新阶段，是随着生产力的发展城乡居民生产方式、生活方式和居住方式变化的过程，也是城乡人口、技术、资本、资源等要素相互融合，逐步达到城乡之间在经济、社会、文化、生态上协调发展的过程。

城乡一体化主要包括城乡规划一体化、城乡产业发展一体化、城乡市场体制一体化、城乡基础设施一体化、城乡公共服务一体化、城乡管理体制一体化等六个方面。具体内涵主要有：一是城乡一体化的前提条件是工业化、城镇化、市场化和现代化已经达到较高的水平；二是城乡一体化包含体制的一体，经济的链接，社会的趋同和空间的融合；三是城乡一体化重点在农村，目的是促进城乡共同发展；四是城乡一体化并不等于城乡一致和城乡差别的消失，更不意味着非均质社会空间演变为一种彻底的均质空间；五是城乡一体化不只是一个目标或结果，更重要的是一个动态演变过程；六是要促使城乡经济社会一体化新格局的形成，需要运用统筹城乡发展的新思路和新方法。

目前制约我国城乡一体化发展的因素主要有：一是尚未建立城乡统一的人力资源市场、建设用地市场、资本流通市场等市场机制；二是城乡二元体制和现行城乡户籍制度难以有实质性突破；三是城乡政策法规的不完善导致城乡公共服务与社会保障不均等。

（二）外省的探索与实践

推动城乡一体化发展的模式是多样的，国内多地进行了有益的探索，有自上而下的一体化模式，也有自下而上的一体化模式；有大城市带动型的一体化模式，有外资带动型的一体化模式，有乡镇企业带动型的一体化模式，也有个体私营企业带动的一体化模式。其中，具有代表性的有成都、重庆、苏州等地的做法。

2007年，国家正式批准成都、重庆设立全国统筹城乡综合配套改革试验区。成都市统筹城乡综合配套改革的总体思路是：按照城乡统筹、“四位一体”、科学发展的战略部署，以“三个集中”为核心、以市场化为动力、以规范化服务型政府建设和基层民主政治建设为保障，全面提升城乡一体化水平，走整体推进之路。其中“三个集中”（即工业向园区集中，农民向城镇集中，土地向业主集中）为全国城乡一体化发展积累了重要经验。重庆市统筹城乡综合配套改革的总体思路是：立足“统筹兼顾、科学规划、突出重点、分步实施”，积极稳妥地推进改革试验；立足“大城市、大农村、大库区”并存的特殊市情走渐进之路；围绕推进城乡经济协调发展、推进劳务经济健康发展、推进土地流转和集约利用“三条主线”，推进建立统筹城乡发展的十二项新机制。其中“两大土地流转模式”（即住房换宅基地、社会保障换集体土地承包地）探索了城乡土地流转方式的新模式。苏州统筹城乡综合配套改革的总体思路是：坚持“三农”与“三化”互动并进带动城乡一体化发展，通过整体推进“三集中”、“三置换”、“三大合作”等一系列的制度创新，建立综合推进城乡统筹的发展机制。其中“三大合作”（即农村社区股份合作社、土地股份合作社、农民专业合作社为主体的农村新型合作经济组织）为建立农民持续共享资源增值收益的长效机制提供了实践借鉴。

（三）陕西的探索与实践

近年来，陕西省高度重视城乡一体化工作，政策到位、措施得力、成效明显。推进有条件的农民进城落户、陕南陕北移民搬迁工程、延安统筹城乡发展试点、保障性住房建设、西咸新区创新城市发展方式探索、重点示范镇和文化旅游名镇建设及部分市县新型农村社区建设等在实现城乡一体化方面所进行的积极探索，均为进一步推进陕西城乡一体化发展积累了经验。

以延安、杨凌等为代表的省内多个市县开展了统筹城乡发展工作。2010年7月，省委、省政府出台了《关于支持延安率先实现城乡统筹的意见》，就支持延安率先实现城乡统筹提出具体意见。延安通过建立产业支撑体系、城镇承载体系、公共服务体系、支持保障体系等4大体系12大板块，全面推进城乡一体化发展，取得了显著成绩和宝贵经验。2009年9月，神木、府谷、高陵和杨陵区正式成为陕西省建设城乡统筹省级示范区改革试点。此外，安康、渭南、洛川、富平、西乡、礼泉等多个市县在土地管理、户籍改革、投融资体制创新等方面的探索，有力地推动了陕西省城乡一体化发展。

【案例】延安城乡一体化推进措施

2010年7月，省委、省政府出台了《关于支持延安率先实现城乡统筹的意见》，就支持延安率先实现城乡统筹从以下十个方面提出具体意见：推进延安率先实现城乡统筹发展，切实抓好城乡统筹发展规划，推进产业结构调整和优化升级，进一步加快基础设施建设，大力发展民生和社会事业，全面加快城镇化进程，认真搞好土地流转和资源整合，持续加强生态环境建设，健全财政金融支持体系，创新城乡统筹的体制机制。延安城乡一体化的推进重点是突出建立现代产业支撑、城镇体系承载、公共服务均等、体制机制保障等4大体系和12大板块。其具体做法是：

一是强化产业支撑。延安市做大做强特色产业，强调产业强市，全市在黑色能源、绿色产业、红色旅游三大主导产业上提质增效。通过建设2000万吨原油、5000万吨煤炭、100亿立方米天然气生产基地建设，八大工业集中区和十四大能源化工项目及太阳能光伏、生物质发电、风电利用等新能源工业，将延安建成国家级能源化工基地；通过建设高产粮食、优质苹果、优质干果等基地，使延安成为全国知名有机农产品生产研发基地；通过实施陕北文化产业园等8大文化产业项目，建设革命纪念地、黄帝陵等著名景区，把延安打造成“中国红色旅游之都”。

二是提高城镇承载力。延安市确定了“中国革命圣地、历史文化名城、陕北黄土风情文化、适宜人居”的城市定位，保护与发展同步，规模与功能并重，县城、重点镇、农村新型社区建设稳步推进。通过撤乡并镇和加强重点镇建设来做大集镇，保留建制镇和街道办120个左右，把重点镇打造成县域副中心城市。将行政村总数由3386个减少到2000个，建设基础设施城镇化、公共服务均等化、城乡生活同质化的新型农村社区，到2020年基本实现农村居民社区化居住。

三是推进公共服务均等化。延安市大力推进教育、医疗、社保、就业体系建设，健全覆盖城乡的三级医疗卫生服务体系，加强文化、体育设施建设，满足群众所需。实现城乡居民养老、医疗保障制度并轨和市级统筹，提高城乡低保补助标准，缩小城乡各项社会保障水平差距。健全廉租房、公租房、经济适用房和进城农民安居房等保障性住房体系，新建各类保障性住房6.4万套463万平方米。

四是创新体制机制。延安市调整优化公共财政投向，在财政收入使用分配政策和一些收费政策上向重点镇和农村社区倾斜。同时深化征地制度改革，逐步实现农村集体与国有建设用地同权同价，探索建立进城农民宅基地和承包地退出补偿机制。实行城乡一体化户口登记制度和住房、社保、教育等无差别管理制度（图3-1）。

图3-1　延安市城区

二、陕西省城乡一体化现状与问题

（一）发展现状

1. 政策体系支持力度不断加大

近年来，陕西省先后出台了一系列政策措施。2009年，省政府发布了《县域城镇化发展纲要》；2012年，省政府出台了《关于加快推进城镇化的决定》；2013年，省委、省政府出台了《关于加快推进城乡发展一体化，促进城乡共同繁荣的若干意见》（陕发[2013]1号），对当前和今后较长一个时期陕西推进城乡发展一体化提出总体要求："坚持'四化同步'战略，坚持工业反哺农业、城市支持农村和多予少取放活方针，按照'城乡政策一致、规划建设一体、公共服务均等、收入水平相当'的要求，以'三强一富一美'为目标，不断创新农业生产经营体制，进一步提高县域工业化和城镇化水平，加快推进城乡发展一体化步伐，促进城乡共同繁荣"，为全省城乡一体化发展提供了坚强的政策支持。

2. 城乡一体化规划体系逐步完善

为了促进城乡一体化发展，陕西先后制定出台并实施了多项城乡一体化规划。2009年5月出台了《陕西省城乡一体化建设规划编制办法》，2009年7月出台了《陕西省城乡规划条例》，2011年7月出台了《关于做好镇域居民区规划的通知》，指导各重点示范镇统筹规划、科学布局、整合镇域村庄，编制镇域居民区规划，建设新型农村社区，统筹城乡发展，有力促进了一体化发展。2008年以来，先后完成了83个县市的城乡一体化规划工作。省、市级重点示范镇总体规划修编，市级统筹城乡发展示范村（新型农村社区）规划编制工作逐步开展。制定了新型农村社区建设标准（试行），完成对21个省级新型农村社区的规划审查和技术指导，1000个新型农村社区规划编制和项目建设全面启动。

3. 城镇化水平大幅提高

陕西省城镇化水平由2005年的37.24%，提高到2012年的50.02%，年均增长1.83个百分点，高于全国年均1.15个百分点的增速。全省城镇常住人口由2005年的1384万人，增加到2012年1877.3万人，乡村常住人口减少458.21万人。与2005年相比，城镇人口规模在20万～50万、10万～20万的中等城市和小城市分别增加了2个和6个。截至2012年，全省县域城镇化水平达到34.3%，年均增加1.2个百分点。一般来讲，当城镇化率达到30%～70%，尤其是超过50%以后，将进入城镇化发展的加速时期。目前陕西城镇化率已超过50%，城镇化的加速发展将会为城乡一体化奠定坚实基础。

4. 村镇基础设施水平不断提升

近年来，随着我省经济社会发展，城乡基础设施协同发展程度逐步提高，村镇基础设施水平不断提升。村庄内道路长度、排水管道沟渠长度、有生活垃圾收集点和对生活垃圾进行处理的行政村个数逐步增多，分别由2010年的71852.06公里、14093.65公里、7453个、2608个上升到2012年的77398.29公里、16575.71公里、8899个、3132个；集中供水的行政村比例、用水普及率、燃气普及率等逐步提高，分别由2010年的52.9%、63.93%、6.29%上升到2012年的58.45%、66.95%、8.36%（表3-1）。

2010年、2012年陕西省村庄市政公用设施对比　　表3-1

地区	集中供水行政村比率（%）		用水普及率（%）		燃气普及率（%）	
	2010年	2012年	2010年	2012年	2010年	2012年
全省	52.90	58.45	63.93	66.95	6.29	8.36
西安	56.39	63.08	70.38	74.71	21.29	22.40
铜川	44.24	58.87	55.77	60.53	2.68	2.79
宝鸡	80.73	86.47	81.14	85.99	3.31	5.95
咸阳	87.71	89.37	79.68	84.08	8.07	7.75
渭南	63.00	72.87	80.41	87.48	9.77	19.20
延安	50.71	49.08	56.73	62.12	2.37	2.54
汉中	45.79	57.33	48.91	51.27	0.67	1.14
榆林	36.49	43.69	46.09	40.13	0.35	0.31
安康	36.39	41.58	49.36	51.92	2.59	2.71
商洛	42.52	48.22	46.07	45.23	0.60	0.86

资料来源：《陕西省村镇建设统计年报》2010、2012。

5. 公共服务功能逐步完善

全省城乡教育、文化、卫生、体育等公共服务设施水平进一步提高，全省财政预算内农村九年教育拨款比例、农村居民医疗保险覆盖比率、农村广播及有线电视入户率等指标近年来都有大幅提高。截至2012年底，小学、初中学龄人口入学率分别为99.87%和99.74%，全省拥有卫生机构36270个，其中卫生院1632家，村卫生室26883个。教育、医疗、文体等公共服务资源向县城和重点镇集中，全面完成乡镇卫生院基础设施建设任务（图3-2、图3-3）。

图 3-2　榆林市靖边县东坑镇文化广场

图 3-3　延安市子长县杨家园则镇卫生院

（二）存在问题

1. 城乡差距依然很大

2001～2010年的十年间，陕西省第一产业年均增长率为6.57%，而第二产业年均增长率为16.44%。从城乡居民收入看，2010年后城乡居民收入比呈现下降趋势，城乡居民收入差距有所缩小，但总体来讲，农村居民人均纯收入仍偏低，较城镇居民人均可支配收入仍有2倍以上的差距，城乡居民收入差距大的矛盾依然突出（表3-2）。

陕西省近年来城乡居民收入比　表3-2

年份	城镇居民人均可支配收入（元）	农村居民人均纯收入（元）	城乡居民收入比
2003	6806	1676	4.06:1
2004	7492.5	1867	4.01:1
2005	8272	2052	4.03:1
2006	9268	2260	4.10:1
2007	10763	2645	4.07:1
2008	12858	3136	4.10:1
2009	14129	3438	4.11:1
2010	15695	4105	3.82:1
2011	18245	5028	3.63:1
2012	20734	5763	3.60:1
2013	22858	6503	3.51:1

资料来源：2003~2013年《陕西省国民经济和社会发展统计公报》。

2. 城镇化水平不高，发展不均衡

2012年陕西省城镇化率为50.02%，低于全国52.57%的城镇化水平，与东南沿海差距更大。全省户籍城镇化率仅有38.8%，比人口城镇化率低11.22个百分点，即还有400多万人没有融入城市。全省城镇化发展不平衡，关中地区城镇化率相对较高，达到了51.4%，而陕北、陕南相对较低。城市间城镇化率差异较大，西安最高，达到了71.51%，比城镇化率最低的渭南市高出了近一倍。

3. 城乡居民点体系有待完善

全省尚未完全建立结构明晰、层级明确的城乡居民点等级结构，尤其是“县城—重点镇—新型农村社区”的网络构架不畅，城镇规模偏小和村镇等级配置不合理等问题较为普遍，城镇对农村地区的辐射带动作用发挥有限，农村分散居住较为突出，农业规模经营不够，土地资源没有得到充分利用。同时，较为孤立的村庄格局还加大了普及现代化设施的难度，缩小了公共服务覆盖面，导致出现农民生活品质不高、生产生活成本较高等问题，制约了城乡一体化发展。

4. 城乡基础设施与公共服务设施建设亟待加强

当前，陕西省城乡基础设施和公共服务设施建设投入存在较大差异，导致城乡发展不均衡，形成“重城轻乡”的格局。农村基础设施建设不到位和公共服务设施缺失等现象明显，从表3-3可以看出，城市在用水普及、污水处理以及生活垃圾处理等方面都远高于村庄。同时，部分村庄内部和外部道路联通不畅，公共交通体系不健全，通邮和通信设施不完善，教育设施、医疗卫生设施不足，农民物质文化生活贫乏，公共服务设施城乡分布不均现象突出。

陕西省城乡市政公用设施对比表（2012年）　表3-3

项目	城市（县城）			村庄		
	指标	单位	数据	指标	单位	数据
用水情况	用水普及率	（%）	96.15	用水普及率	（%）	66.95
燃气供给	燃气普及率	（%）	94.11	燃气普及率	（%）	8.36
污水处理	污水处理率	（%）	88.49	对生活污水进行处理的行政村	个数（个）	748
	污水处理厂集中处理率	（%）	87.64		比例（%）	3.02
生活垃圾处理	生活垃圾处理率	（%）	97.23	对生活垃圾进行处理的行政村	比例（%）	12.63

资料来源：《陕西省村镇建设统计年报2012》。

5. 城乡资源环境综合整治工作亟待开展

资源环境问题的日益凸显严重制约了城乡一体化质量的提升。关中地区由于城市、人口、产业高度聚集导致资源环境压力较大；陕北地区由于高强度开发、水土流失导致次生环境问题突出；陕南地区作为重要水源保护地引发城镇发展与生态环境保护之间的矛盾。此外，广大农村面临较多的共性环境问题。据第一次全省污染源普查公报显示，农村污染负荷占全省整个污染负荷的比重达到33%，并且有加重的态势。由于污水处理和垃圾收集等市政环卫工程建设无法全覆盖，使得农村地区存在使用明沟直接排放污水、生活垃圾直接向河体倾倒或者就地堆放的现象，严重影响水体和土壤安全，加强农村资源环境综合整治工作迫在眉睫。

6. 特色乡土文化亟待传承与发展

陕西历史文化底蕴丰富，有31个景观特色鲜明、文化底蕴深厚的文化旅游名镇，韩城党家村、米脂杨家沟村（图3-4）等中国历史文化名村，铜川市耀州区孙塬镇孙塬村、咸阳市三原县新兴镇柏社村等中国传统村落，这些都是特色乡土文化的重要承载地；现存珍贵的陕北古窑、关中民居及其建筑技术的保护与传承都是陕西省民间文化建设的重要财富。

图3-4　榆林市米脂县杨家沟村

但是近年来，部分地方出现传统民居建筑及古建等物质文化保护不足、古村落遭到破坏、传统民居建设技术和非物质文化逐渐流失的现象，特色乡土文化亟待传承与保护。

三、陕西省推进城乡一体化的总体思路和发展目标

（一）总体思路

坚持工业反哺农业、城市支持农村和多予少取放活方针，以科学规划为引领，以农业现代化为支撑，以基础设施一体化和公共服务均等化为重点，以体制机制创新为突破，坚持因地制宜、分类指导，加大统筹城乡发展力度，逐步缩小城乡差距，形成城乡一体、资源互补、区域协调、经济社会同步、人与自然和谐发展的格局，促进城镇化和新农村建设协调推进。

（二）发展目标

城乡一体化空间格局不断优化——到2015年，“三规合一”机制初步建立，基本建立六级城乡居民点体系框架，城乡规模结构更加完善，小城镇服务功能增强。到2020年，完善县城、重点镇、农村社区布局，形成科学合理的城乡一体化空间格局。

城镇化水平稳步提升——到2015年，农村居民进城落户转移600万。到2020年，农村居民进城落户累计转移1000万人，全省城镇化水平达到62%，县域城镇实力和规模明显增强，县域城镇化水平达到45%以上。

城乡产业支撑体系逐步建立——到2015年，城乡产业一体化发展格

局初步形成，农业产业化水平明显提高，城乡居民收入比低于3.4：1，非农产业就业比重达到55%。到2020年，城乡一体化产业体系基本建立，城乡产业发展互通融合，城乡居民收入比低于3：1，非农产业就业比重达到65%。

城乡公共服务网络基本完善——稳步推进义务教育、就业、养老、医疗卫生、保障性住房等基本公共服务覆盖城乡，基础设施和公共服务设施更加完善。到2015年，城乡基本社会保险覆盖率达到95%以上，公共服务能力超过全国平均水平。到2020年，城乡基本社会保险覆盖率达到98%，城乡居民养老保险参保率达到100%，民生占财政支出比重达到80%以上，公共服务能力达到西部领先水平。

新型农村社区建设稳步推进——到2015年，培育建设1000个规模适度、设施完善、产业发展、生活便利、管理有序、生态宜居的标准化新型农村社区，确保20%的农村社区化，居住人口占农村人口的25%。2020年，实现新型农村社区全覆盖，农村基础设施城镇化、生活服务社区化、生活方式市民化。

城乡生态环境质量明显改善——建立生态文明发展模式，城乡空气质量逐步好转，农村饮用水安全得到保障。到2015年，全省森林覆盖率达到43%，单位GDP能耗小于1.05。到2020年，森林覆盖率达到45%，单位GDP能耗小于0.84，农村安全饮用水普及率达到100%，污水集中处理率达到70%，垃圾无害化处理率达到65%。

城乡统筹的行政管理体制基本形成——到2015年，形成城乡行政管理体制改革初步方案，人口管理、土地管理、财税金融、城镇住房、行政管理等制度改革取得重大进展。到2020年，优化各项体制改革措施，基本建立城乡一体、高效规范的行政管理体制。

（三）推进重点

1. 强化城乡一体化规划引领

以科学规划为龙头和基础，优化城镇空间，加快完善镇村布局规划，建立起城乡人口布局合理、基础设施配套齐全、生活环境良好、功能完善的新型城乡空间布局体系，实现工业、农业、居住、生态、水系等重大专项规划城乡对接。

2. 加强城乡产业联动

强化城乡产业之间的协作和联系，促进城市工业尤其是劳动密集型产业向农村转移。加快建设现代农业，优化农业产业布局，建设永久性基本农田保护区。拓展与农业相关的二、三产业，发展农产品精深加工业，积极发展农业服务产业，延长农业服务产业链。

3. 加快城乡基础设施建设

统筹城乡基础设施建设，加快基础设施向农村延伸，以路、电、水、气、信息等基础设施建设为重点，构建布局合理、结构优化、设施先进、城乡共享的基础设施体系，全面提升基础设施的承载支撑能力，实现城乡统一的公共基础设施建设、维护和管理。

4. 建立公共服务均等化体系

整合城乡教育、卫生、文化、体育、就业、社保等各种资源并优化配置，在重视发展城市社会事业的同时，引导城市社会事业向农村延伸，加快构筑覆盖城乡、惠及全民的公共服务体系，提高乡村现有的公共服务范围和水平，逐步实现城乡公共服务均等化。

5. 优化城乡空间格局

构建城乡融合的空间发展格局和完善的城乡居民点体系，充分发挥城市辐射功能，带动农村快速发展，缩小城乡发展差距，最终达到城乡经济社会发展一体化。

6. 加强生态文明建设和历史文化传承

树立生态文明理念，坚持集约、智能、绿色、低碳的原则，大力发展生态经济和生态产品，推动资源节约型和环境友好型村镇建设。加强对古村落和传统民居的保护，保留城镇和乡村的历史记忆，传承历史脉络，彰显地域文化特色。

四、陕西省城乡一体化发展的实施路径

（一）建立统筹城乡发展的规划体系

1. 以科学规划引领城乡一体化

以科学规划为重点，推进城乡协调发展。打破城乡分割，树立统筹城乡规划的新理念，把城镇和农村同步规划，科学编制城乡一体化总体规划和产业发展、基础设施、公共服务等专业规划，形成全面覆盖、相互衔接的城乡规划新体系。充分发挥规划的调控功能，用城乡规划一体化带动资源和空间利用、城乡居民点体系优化、产业发展和布局、城乡基础设施和生态环境建设、城乡公共服务、城乡社会管理一体化。

2. 加强规划之间的衔接配套

统筹经济社会发展规划、土地利用规划和城乡规划，调整优化工业与农业、城镇与农村的空间布局，科学确定城市发展区、农业发展区和

生态保护区。按照“产业集聚，用地集约、布局集中”的原则，协调城乡规划与产业空间布局规划。合理安排市县域城镇建设、农田保护、产业集聚、村落分布、生态涵养等空间布局。加强生产力布局规划、镇村布局规划、水系规划、基础设施规划、生态环境规划的衔接，做到纵向覆盖和横向衔接有机统一。

3. 完善县域镇——社（区）体系规划

突出城乡规划对村镇发展的统筹、引领作用，加强对重点镇、文化旅游名镇、新型农村社区规划指导。完善县域镇——社（区）体系规划，加强农村社区规划，避免农村建设中不合理布点而造成“空村”的巨大浪费；做好中心社区规划，包括选址、内外交通、基础设施和公共服务设施布置、农舍布局、农舍设计、生产组织（产业布局）规划，社区生态建设规划和社区社会文化规划等，促进全省城乡一体化科学发展。

【案例】延安市统筹城乡发展空间布局规划（2011—2030年）

为贯彻陕西省委、省政府《关于支持延安率先实现城乡统筹的意见》，优化延安市城乡发展空间布局，推进全市城乡一体化的建设步伐，2011年延安市人民政府组织编制了《延安市统筹城乡发展空间布局规划（2011—2030年）》（图3-5）。

该规划提出：以“三个集中”①、“四个重点”②突显市域城乡统筹重点和在不同层面上的空间落实，以“五大分区”③指导各县（区）城乡统筹

① 三个集中，即工业向园区集中、人口向城镇或新型农村社区集中、土地向规模化经营集中。

② 四个重点，即提升品位，做美延安；突出特色，做强县城；合理布局，做大集镇；尊重民意，做好社区。

③ 五大分区，即以县为单位，将市域城乡分为中心城市发展核心区、城乡统筹发展融合区、城乡统筹发展提升区、城乡统筹发展协调区和城乡统筹发展互促区。

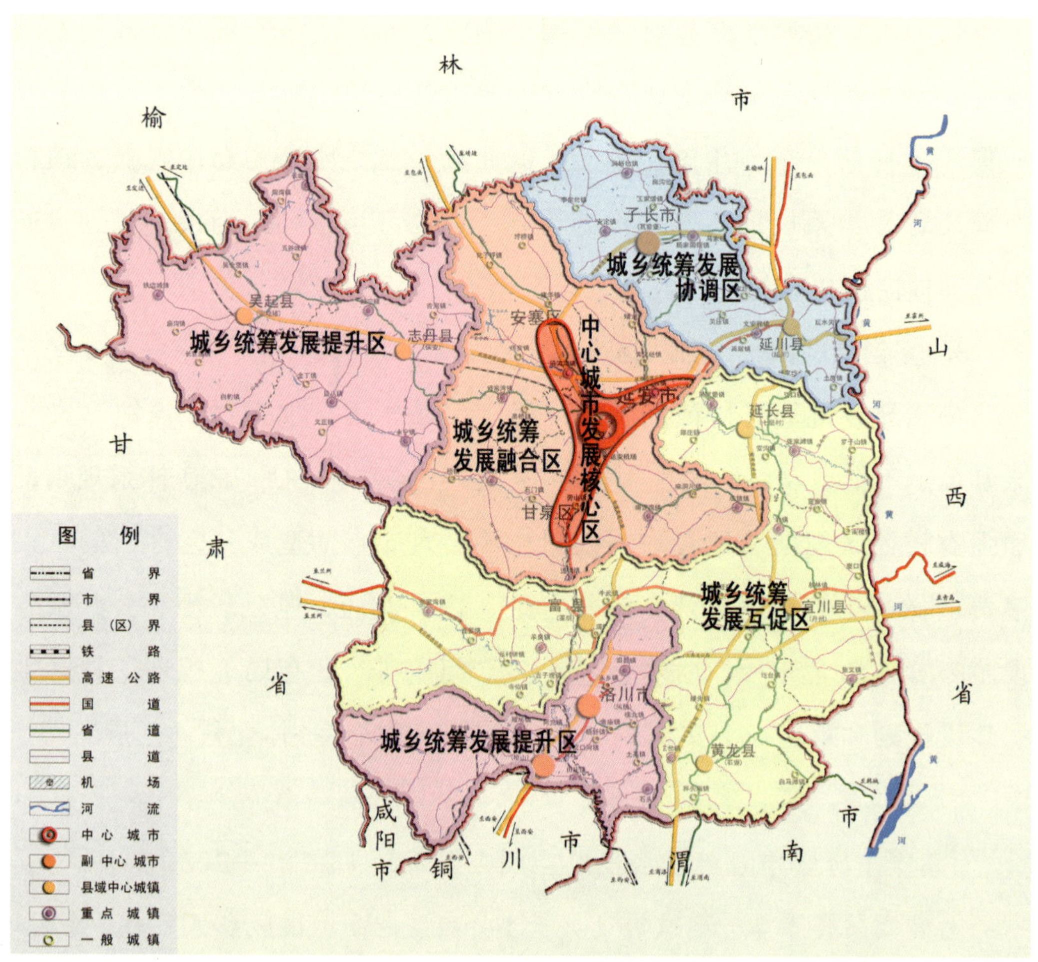

图 3-5 空间布局战略规划图

资料来源：陕西省城乡规划设计研究院，延安市规划设计院。延安市统筹城乡发展空间布局规划（2011—2030年），2011

实践，以“六条路径”①全面推进城乡统筹各项工作，最终实现“三缩小”（缩小工农差距、缩小城乡差距、缩小地区差距）的统筹目的，形成城乡互融互促发展新格局。

① 六条路径，即城乡产业新型化、城镇建设集约化、农村发展社区化、基础设施网络化、公共设施标准化、人居环境生态化。

（二）突出重点、分类指导，推进城乡一体化发展

1. 分类指导三大区域

按照陕北、关中、陕南三大区域发展基础、人口规模、资源禀赋、民俗文化等不同特点，以及工业型、旅游型、农业型、资源型等主导产业类型，将统一要求和尊重差异相结合，分类推动城乡一体化发展。

关中地区采取大、中、小城市推动小城镇和新农村的发展模式。以关中城市群为建设重点，推进大中小城市和小城镇建设，充分发挥大中城市的辐射带动作用，促进劳动密集型产业从大中城市向小城市、小城镇转移延伸，加快沿渭河和秦岭北麓重点镇优先推进市政基础设施、公共服务设施建设，打造特色各异的沿渭景观带和沿秦岭北麓风情小镇和新农村，促进城乡一体化发展。

陕北地区重点突出产城融合和工业化带动一体化。强化产业支撑，建立产业布局一体化的引导格局，以产城融合和生态城镇建设为重点，依托国家能源化工基地建设，以新型工业化为主要发展方向，加快就地城镇化步伐，形成以乡镇所在地、交通沿线、川道地区等人口集聚区为重点，以产业为纽带的乡村人口转移聚集区，实现以工促农、以城带乡。

【案例】神木县推进城乡一体化的主要做法

神木根据自身经济社会发展条件及面临的城乡一体化发展难题，以民生神木、创新神木、民主神木、人文神木、生态神木等“五个神木”建设为战略目标，按照“工业化富裕农民，产业化发展农业，城镇化繁荣农村”和“农民市民化，农业生态化，农村集约化”的“3+3”模式，探索出了一条资源型地区全面统筹城乡发展和可持续发展的新路径。主

要做法有：

一是以工促农，富裕农民。神木在全面城乡一体化发展中把加速推进工业化、大力发展二、三产业作为农民市民化和减少农民、富裕农民的重要手段，利用六大支柱产业打造城镇产业基础，创造了大量的就业、创业和加速农村剩余劳动力转移的机会。

二是保障农民的发展权、就业权、生存权和教育权。加大农民培训力度，健全就业保障机制，实行同等政策待遇等，推动农民进城、进镇就业、创业和生活。目前已建成各类保障房8744套，正在建设的2000套公租房集中用于农民“市民化”工程，重点人群为农村大中专毕业生；在免费医疗、免费教育、社会养老保险等重大民生领域实现城乡统一标准的基础上，进一步提高保障水平，解决农民进城生计上的后顾之忧。

三是多种途径鼓励土地流转。政府按照“依法、自愿、有偿”原则，鼓励农民以转包、出租、互换、转让、股份合作等多种土地流转形式，实现土地承包经营权的资本化和土地经营的规模化，就近就地促进农民转岗、转业，多种途径促进农民增收。

陕南地区采取小城镇建设引导一体化的发展模式。以重点示范镇建设为重点，推动宜居型小城镇建设。把移民搬迁、重点示范镇建设、保障性住房建设等政策结合起来，科学规划，整合资源，统筹推进，促进移民建镇。形成了以中心城市为核心、以县城为重点、以串珠状中小城镇为依托的城乡居民点体系，加快城乡一体化发展。

【案例】安康推进城乡一体化发展的做法

安康将县城、重点镇、新型社区建设与工业园区、农业示范区、旅游开发紧密结合。中心城市围绕“打造核心、开发江北、西进东延、提升江南”的发展思路，突出抓好一江两岸等重点工程，大幅提升城市发展水平和辐射带动能力。加快了以安康中心城市、恒口镇和汉阴县城为三大支点的月河川道城镇带建设。加快做大了旬阳、石泉、平利、紫阳县城，提升扩展了岚皋、镇坪、白河、宁陕县城，县城基础设施建设整体步伐加快，城镇面貌得到极大改观。省、市两级重点镇建设全面提速，有力促进了城乡一体化发展。

同时，安康还着力打造城乡一体化宜居环境。充分利用易地扶贫搬迁、生态移民、整村移民、农村危房改造、灾后重建等项目资金，积极支持鼓励群众搬迁到集镇和新村，建设美观大方、功能齐全、特色鲜明、面积适中、牢固实用的住房。加大集镇和生态新村道路、供排水、防洪堤、绿化、亮化等项目的建设力度，基本实现水、电、路“三到户”和道路硬化、村庄绿化、庭院净化、环境美化“四化”目标。在生态新村内建设村民综合服务中心，设置村“两委”办公室、医务室、警务室、信息室、卫生室、超市、图书室等，配套建设文体活动广场，配备健身器材、篮球场，为群众提供教育培训、信息咨询、医疗健康、证件代办、矛盾调处等多项服务。

在产业发展上，全面夯实城乡一体化产业基础。以推进全民创业为契机，以项目落实为抓手，创新实施“工商资本进农村、返乡能人创业、村干部带头创业”三种创业模式，有效破解城乡统筹发展的突出难题，多种方式转移农民，促进就业，增加收入，努力实现工农对接，以工促农的良性发展格局（图3-6）。

图 3-6　安康市城区

2. 分类指导县城、小城镇和新农村建设

加快县城建设。县城上联城市、下联农村，是城乡一体化的关键环节。按照扩大规模、提高质量、增强功能、聚集人气的要求，坚持规划引领、因地制宜、分类指导，加强县城基础设施和公共服务设施建设，全面提高县城综合承载力，将县城建成布局合理、规模适度、功能健全、设施达标、具有很强人口产业聚集能力和辐射带动功能的县域经济文化中心。

【案例】西安市高陵县城建设的三大举措

高陵县充分借助西安市市级行政机构北迁的发展机遇，通过三大举措加快县城建设。

一是通过规划全面引导县城建设。2011年，高陵县制定了全县城市空间发展战略规划（2012—2020），编制和完善了《高陵县县城控制性详细规划》、《高陵县城市空间发展战略规划》等一系列规划，为科学建设现代城市新区提供了规划导引。同时，高陵县以基础设施和人居环境大提升为重点，实施了鹿苑大道南延伸段和桑军大道北延伸段等主干道路的建设，实现了县城与园区的有效对接，为分片开发提供交通便利；实施昭慧东路等12条城市道路建设工程，逐步建成了县城棋盘式主干路路网。

二是通过县城“绿肺”建设改善县城人居环境。围绕把高陵县打造成为渭北绿城、城市之窗、宜居之地的目标，完成了县城、泾河工业园区主要街道和文化休闲广场的绿化带建设工作；建成两座污水处理厂；集中供热和供气工程稳步推进；建成水景公园、城市运动公园等一批休闲娱乐康体设施场所，极大地改善了新区环境（图3-7）。截至2012年，城区人均公共绿地面积10平方米，绿地率达35%，绿化覆盖率达40%。

三是通过保障性住房工程让百姓居住无忧。高陵县将“保障性住房”全覆盖作为全县“十个全覆盖”民生工程的重中之重，大力推进以经济适用房、廉租房、公租房、限价商品房、集中安置房为主的多层次、全方位的保障性住房建设。高陵县廉租房建设工程占地20亩，建筑面积11714.24平方米，总投资2400万元。同时，启动了高陵县保障性住房项目“金鹿尚居”建设工程，该项目占地100亩，计划投资4.88亿元，总建筑面积达24.42万平方米，计划于“十二五”期间全面建成并投入使用。

图 3-7　西安市高陵县城

加快小城镇建设。调整优化城镇空间布局，加快完善小城镇的配套设施和服务功能，增强小城镇吸纳农村人口、带动农村发展的能力。按照重点示范镇、文化旅游名镇、沿渭重点镇、一般镇四个层次，从扩大规模、强化功能、提升管理等入手，坚持示范先行、分步实施、整体推进，实现城镇规模和人口总量扩大、产业规模增大、辐射带动能力强大，形成具有一定集聚和带动能力的县域副中心或重要节点（图3-8）。

图 3-8　渭南市蒲城县孙镇规划效果图

加快社会主义新农村建设。适应农村人口转移和村庄变化的新形势，按照发展中心村、保护特色村、整治空心村的要求，在尊重农民意愿的基础上，科学引导农村住宅和居民点建设，加快农村基础设施与服务网络建设，方便农民生产生活。在提升自然村落功能基础上，保持乡村风貌和地域文化特色，保护有历史、艺术、科学价值的传统村落和民居。

（三）建立城乡一体的居民点体系

1. 按照城乡一体化的要求优化六级城乡居民点体系

对全省“核心城市—省际毗邻区域中心城市—地区性中心城市—县城—重点镇—新型农村社区”六级城乡居民点等级体系，按照城乡一体化的要求和特点进一步整合为城市型和村镇型两大类居民点体系，其中城市型主要包括县城以上的四级居民点体系，村镇型主要包括重点镇和新型农村社区。在全面推进两型居民点体系建设的基础上，重点抓好村镇型居民点体系建设，充分发挥城市型居民点体系的辐射和带动作用，以大带小，以城带乡，梯度递进，促进村镇型居民点体系的合理布局和体系优化。

2. 加强村镇型居民点体系建设引导

根据公共设施配套、交通条件、地形地貌、耕作半径、农村产业关联等因素，确定具有地域适宜性的村镇型居民点体系。一般镇可由一至两个中心社区构成，并根据需求配置小学、初中、高中等公共服务设施。在空间规模上，由于各类设施中教育设施的配置人口门槛最高，因此将教育设施的人口门槛作为各级居民点的最小规模，同时根据实际人口数量与结构等城镇化发展条件对上述最小规模进行调整。从而科学确定重点镇、中心社区与一般社区的最小规模。各级公共服务设施应根据这一规模进行相应的设置。达不到门槛要求的农村居民点，在保障基本交通要求的前提下，可不设置相应公共服务设施或根据实际情况适当配置教学点等服务设施。根据不同类型农村居民点现状特征与发展条件，在满足耕作半径要求的前提下，对农村居民点空间布局进行调整，划分为整体搬迁合并型、部分保留整治型与整体保留发展型等类型。

3. 分类型、动态化引导村庄发展

根据不同村庄的资源条件与人口变化特色，将村庄发展分为新型农村社区、古村落、过渡期村庄、永久农庄等类型。引导有条件的村庄通过就地、转移、迁并等方式建设新型农村社区，便于农村居民享受集中化、高标准的市政基础设施与公共服务设施，形成城乡有别、因地制宜、各有特色的新农村。注重保护古村落，并鼓励有历史文化特色的古村落或传统民居进行有机更新，形成在产业带动、居民就业、人口集聚、生态保育、文化传承等方面具有影响力的村落。遵循人口变化的自然演进规律，正视部分正在逐步衰落、目前处于过渡期村庄的客观存在，不强迫上楼，在公共设施配套时保障过渡期农村居民的基本生活要求，形成动态化引导模式。农村土地流转中产生的家庭农庄，是土地向规模化、集约化农业集中的体现，应大力扶持农庄经济，推动由“传统型”农业向“现代型”、规模化经营转变，促进农业现代化进程，形成具有农业生产、生态休闲等功能，并在周边小城镇规划时充分考虑这一类农村居民生活设施配套要求。

（四）突出以农业现代化为主的产业支撑

加快农业生产方式转变，强化以农业现代化为主的产业支撑，促进农民从传统的生产方式中脱离出来，在社会化大生产中完成角色转换，扩大就业，促进城乡产业体系的发展，进而加快城乡一体化步伐。

提升现代农业发展水平。稳定发展高产、优质、高效、生态、安全农业。创新农业经营方式，坚持家庭经营在农业中的基础性地位，推进家庭经营、集体经营、合作经营、企业经营等共同发展。鼓励和引导工

商资本到农村发展适合企业化经营的现代种养业，向农业输入现代生产要素和经营模式。加快构建公益性服务与经营性服务相结合、专项服务与综合服务相协调的新型农业社会化服务体系。

完善农产品流通体系。统筹规划农产品市场流通网络布局，重点支持重要农产品集散地、优势农产品产地批发市场建设，加强农产品期货市场建设。加快推进以城市便民菜市场（菜店）、生鲜超市、城乡集贸市场为主体的农产品零售市场建设。积极推进“农批对接”、“农超对接”等多种形式的产销衔接，加快发展农产品电子商务，降低流通费用。

加快土地流转和园区建设。鼓励土地向专业大户、家庭农场、农民合作社流转，促进全省土地流转率尽快达到全国平均水平。对城镇规划区外的较大规模土地流转项目，按规模分别由省、市、县财政给予村组一次性奖励。县（市）和涉农区要建立土地流转服务中心和土地承包经营纠纷调解仲裁机构，乡镇建立土地流转服务中心，有条件的村建立土地流转服务站。鼓励农民通过互换，解决承包地块细碎化问题。

（五）建立城乡一体的基础设施体系

构建全域畅通的城乡交通设施体系。进一步完善覆盖多级城乡居民点体系的城乡交通网络，加快连接产业集聚区、农村社区等区域的交通子系统建设，对各个需求点进行“串珠式”联系，满足基本出行需求，构建以各级中心城市为核心、县城为重点、重点镇为基础、辐射至各新型农村社区的多层次、网络状城乡交通体系。

改变区域供水模式，优化水资源配给效率。对县域供水及其配套服务企业实行统一管理，提高供水系统管理水平和效能。对县城和重点镇宜采用水源相对集中、管网连成一片的区域性集中供水模式，统一开发和分配水资源，在保证本地供水的基础上，逐步推进向周边城镇及广大农村社区供水。对于新型农村社区，针对水源与管网分散的特点，采用区域性供水集中管理模式。

因地制宜采用集中、分散相结合的排水系统。加大农村排水设施建设力度，在农民集中居住区统一铺设污水收集管网，建设适度集中的生活污水处理设施。镇区建设小型污水处理厂，处理镇区及周边较近农村社区的污水。距离中心城区较近的农村社区污水可纳入中心城区统一处理；其他农村社区可因地制宜地建设小型污水处理设施及湿地系统集中处理。镇区与中心社区雨水可以建设雨水管网或采用造价较低的明渠排放；一般农村社区沿地面自然排放，可缓建雨水排放系统。

建立多元化能源供应系统。建立城乡一体的能源服务体系，加强农村能源供应系统建设。组织开展农村能源发展规划的编制工作，加快推广普及经济实用的可再生能源技术，继续加强农村电网改造和农村电网建设。在能源结构上，针对城乡差异，推广适宜的能源系统与节能改造技术，大力发展可再生能源，积极推广节能炉灶、太阳房、房屋节能改造等技术。

（六）建立城乡均等的公共服务设施体系

促进公共资源在城乡之间均衡配置，推进基本公共服务均等化，重点推进公共资源配置向农民、低收入群体倾斜，向县城、乡镇和农村社区倾斜。结合城乡居民点体系重构，对空置或使用率低的公共服务设施进行拆并整合，提高城镇和农村社区公共服务设施配建标准（图3-9~图3-11）。

图 3-9　杨凌示范区五泉镇卫生院

图 3-10　咸阳市彬县新民镇中心幼儿园

图 3-11　汉中市南郑县大河坎镇中心小学

优化公共服务设施布局。建立起与城乡居民点体系规划相匹配的公共服务设施空间分布格局，按照城乡居民点人口规模与等级，分别配置相应规模和等级的服务设施项目。规划和支持在重点镇、农村社区建设集购物、餐饮、文化、娱乐、健身等功能为一体的“一站式”消费服务功能区。

加强农村社区公共服务设施建设。统筹建设社区服务站、卫生服务站、科技文化活动中心、体育活动场所和教育、养老、法律服务、警务等公共服务设施，努力提高社区公共服务能力和水平。健全社区管理和服务机制，在试点社区设立“一站式”办公服务中心，提供劳动就业、社会保障、社会救助、计划生育等服务。引入社区物业管理，建设服务完善、管理有序、治安良好、环境优美、文明祥和的和谐宜居社区。

加快城乡居民基本公共服务一体化。加大公共财政投入，打破行政壁垒与户籍壁垒，加快实现公共服务设施的户籍人口与非户籍常住人口共同享有和使用，形成城乡居民基本公共服务一体化。深化延安市和神木县、府谷县、高陵县、杨陵区等试点市、县改革，建立以城带乡、城乡一体的公共服务体系；力争用三年时间，将试点市、县（区）率先建成统筹城乡一体化公共服务改革先行区，在全省发挥示范引领作用。

（七）促进城乡生态保护与文化传承

构建城乡一体的生态安全格局。构建以“三屏三带”为主骨架的生态安全战略格局。黄土高原生态屏障重点加强水土流失防治和植被保护与修复；秦巴山地生态屏障要重点维护森林生态系统和生物物种多样性，加强水源涵养；渭北台地生态屏障重点突出农民增收，营造百万亩生态经济型防护林；长城沿线防风固沙林带重点加强防护林建设、草原保护和防风固沙；渭河沿岸生态带重点开展渭河全线综合整治，打造“八百里秦川”绿色生态走廊（图3-12）；汉丹江两岸生态安全带重点开展水土流失治理、污染防治和沿江绿化，打造南水北调中线水源区绿色生态走廊。

分地域推进全省生态环境建设。以建设“美丽陕西”为目标，继续实施三大区域生态环境建设。关中大地园林化建设着力构建秦岭山地水源涵养林生态景观区、关中平原田园生态景观区、渭北台塬生态经济型防护林区三大功能区。陕北高原大绿化建成青银高速等区域干道两侧的

图 3-12　渭河生态景观带效果图

宽幅景观型防护林带，对无定河等河流进行水土流失综合治理，建设红枣、松柏林、樟子松、长柄扁桃、杂果“五大基地”。陕南山地森林化建设按照“一屏、两区、三廊、四点、五片”林业生态格局，全面绿化宜林荒山荒地。建设生态文明城镇和生态乡村，加强居住区绿化，美化社区环境，完善社区基础设施；深入开展园林城市、生态城市创建活动，让城市延续历史、融入自然，使居民望得见山、看得见水、记得住乡愁（图 3-13）。

图 3-13　西安市曲江新区

加强地方历史文化遗存传承与保护。注重保护历史文化名城名镇名村，科学发展并合理利用文化资源，避免建设性破坏，坚决杜绝不顾历史城区的空间格局、尺度和当地文化传统特色，简单生硬地建广场、盖高楼、修宽马路。加强田野文物管理。加大非物质文化遗产的保护、传承和利用。实施西安鼓乐、中国剪纸等代表性传承人保护名录项目，力争秦腔等进入联合国非物质文化遗产保护名录。

发挥文化优势，彰显地域文化特色。各地应充分发挥地域文化特色，打造特色鲜明的文化名片。关中形成彰显历史文化特色和关中民俗特征的古朴浑厚的城镇形象。突出西安（咸阳）国际化大都市优势特色文化的中心辐射和龙头带动地位，加大历史和传统文化开发力度，增强现代文化整体实力，将关中建设成为彰显华夏文明的历史文化基地。陕北结合能源基地和生态保护区建设，突出“两黄两圣”文化特色。陕南结合汉江流域整治及依山滨水特点，打造山水园林城镇。合理利用地域文化资源，积极创建省级旅游示范县、旅游名镇、旅游示范村、星级“农家乐”，完善乡村旅游基础服务设施，使乡村旅游成为农村致富创收的重要抓手。

（八）加强城乡一体化的体制机制创新

逐步消除户籍壁垒。逐步消除城乡户籍壁垒，以及附着其上的劳动就业、社会保障、住房、教育、就医等各方面的显性和隐性福利差异。全面放开小城镇落户限制，放宽大中城市落户条件，逐步使符合条件的农业转移人口落户城镇。在加快改革户籍制度的同时，创新和完善人口服务和管理制度，还原户籍的人口登记管理功能，促进人口有序流动、合理分布和社会融合。

推进城乡统一要素市场建设。加快建立城乡统一的人力资源市场，落实城乡劳动者平等就业、同工同酬制度。建立城乡统一的建设用地市场，保障农民公平分享土地增值收益。建立健全有利于农业科技人员下乡、农业科技成果转化、先进农业技术推广的激励和利益分享机制。正确处理政府和市场关系，更加尊重市场规律，坚持使市场在资源配置中起决定性作用，更好发挥政府作用。

保障农村居民基本权益。努力营造公平正义的环境，从收入分配、劳动就业、社会保障、公民权利保障、公共服务等方面，着力解决农民最关心、最直接、最现实的利益问题，重点保障随迁子女平等享有教育权利、完善公共就业创业服务体系、扩大社会保障覆盖面、改善基本医疗卫生条件、拓宽住房保障渠道，确保农村居民与城市居民享有公平的国民待遇和平等的发展机会。

五、实施保障措施

（一）健全工作机制

进一步健全“政府主导、社会协同、公众参与”的管理体制和运行机制。一是充分借鉴其他省市和延安城乡统筹工作推进机制，明确目标，分解任务，加强组织领导，充分调动各级政府、部门的积极性，在全省上下形成逐级、逐层抓落实的良好工作局面，扎实推动城乡一体化顺利进行。二是落实年度目标责任考核，建立督导落实制度。各部门要按照职能分工定期开展对城乡一体化建设项目的督促落实，定期通报项目进度。三是根据城乡规划法的要求，建立健全规划管理机构，完善管理职能。四是规范村镇建设行为，进一步完善村镇建设项目的服务和监管，加强管理队伍建设。

（二）加强统筹协调

城乡一体化建设涉及面广，工作量大，应加强部门间的沟通协调，做好规划实施、项目整合、资金筹措、项目建设、考核督促等工作。一是加强部门间综合协调。充分利用和发挥好保障性住房、移民搬迁、渭河综合治理、农民进城、产业园区建设、文物保护、旅游发展等相关政策，形成相互促进、齐抓共管的工作合力。二是加强地区间协调合作。遵循平等协商、协调发展、互利互赢的原则，从产业发展、环境生态、社会公共事务等领域，促进相邻地区之间的协调。具有区域性影响项目的规划建设，应当征求相邻地区的规划意见；倡导开展地区之间双边或多边合作，共同组织开展规划与建设工作，从整体发展角度考虑城际边界地区的资源配置。

（三）加强资金保障

加强财政支持，保障各项规划、建设的资金需求。树立公共财政理念，根据经济发展和财力情况逐步增加投入，加大各级政府投入力度，建立以财政投入为主的多元化投入机制。一是加大对区域生态环境建设的资金支持力度，解决开发地区与保护地区之间、受益地区与受损地区之间的利益补偿问题，并逐步将生态补偿纳入法制化轨道，提升各市保护区域绿地、改善区域生态环境的积极性。二是将新型农村社区建设与小城镇建设、移民搬迁、村庄治理、农村危房改造等工作有机衔接，将各部门涉农资金及项目集中捆绑，向新型农村社区倾斜。综合运用土地、信贷和规费减免等优惠政策，吸引房地产等企事业单位参与新型农村社区建设，形成以各级财政、村集体积累资金投入为主体，各级涉农资金、单位帮扶投入为辅助，社会各界捐助为补充的新型农村社区建设多元化资金投入机制。

附：课题组主要成员名单

课题组组长：周庆华（西安建筑科技大学城市规划设计研究院院长、国家注册规划师、教授、博士生导师）

陈晓键（西安建筑科技大学教授）

课题组成员：贾　锋　张　丹　艾继国　程芳欣　雷会霞

胡永红　申　妍　吴左宾　杨彦龙　杨晶晶

第四章

陕西省小城镇发展研究

小城镇上联城市下联农村，是新型城镇化的重要载体。根据中央城镇化工作会议精神，小城镇将成为户籍开放改革和促进农民就地就近城镇化的重要承载地，是陕西省推进新型城镇化、提升城镇化质量、统筹城乡发展的重要抓手。

小城镇的具体内涵至今尚未统一，其分歧集中于小城镇与小城市、县城、建制镇、集镇等多个概念之间的从属关系上[①]。我省小城镇规模普遍偏小，与小城市差异相对显著；集镇受自身行政界线模糊、撤乡并镇干预以及村庄凋敝等因素限制，不作为我省小城镇建设的主要载体。因此，本次研究对小城镇的内涵界定为：全省范围内除县城以外的其他建制镇。

① 目前对于小城镇的概念界定存在四种观点：第一种观点认为小城镇是小城市、建制镇和集镇的统称；第二种观点认为小城镇包含小城市和建制镇两部分；第三种观点认为小城镇即是建制镇；第四种观点认为小城镇是建制镇加集镇。

一、陕西省小城镇发展现状

截至2012年底，陕西省共有1128个建制镇，其中未纳入城市规划区的建制镇有1021个，建成区面积1044平方公里，镇区容纳人口527万人。目前，全省小城镇中有全国重点镇68个、中国历史文化名镇3个、全国特色景观旅游名镇3个。近年来，在陕西省突出重点的一系列政策引导下，重点示范镇、文化旅游名镇、沿渭小镇以及省上跟踪指导的市级重点镇等成为带动全省小城镇发展的重要抓手，涌现出一批主导产业发展较快、辐射带动效应较强、风貌塑造特色突出的小城镇。

（一）发展回顾

1. 发展沿革

小城镇建设是陕西省推进城镇化发展的重要抓手。2006年陕西省即开展“千村百镇”建设整治工作，重点提升村镇设施建设水平和容貌环境品质；2008年为落实省委、省政府“关中率先发展”的战略部署，开展实施“关中百镇”建设；2009年陕西省在全省范围内确定107个重点镇重点建设；2011年省委、省政府在全省遴选31个基础条件较好、发展潜力较大的建制镇（街道办），作为省级重点示范镇进行重点扶持；2013年省委、省政府全面启动31个文化旅游名镇（街区）建设工作；同年6月，在原31个省级重点示范镇的基础上，新增4个沿渭小城镇，全面启动8个沿渭重点镇建设工作；同年9月，在全省范围内对16个基础条件较好、发展潜力较大的市级重点示范镇开展重点跟踪指导考核。通过多年的政策支持与实践探索，陕西省小城镇建设逐步形成集中力量、收紧拳头、突出重点的发展态势（表4-1）。

陕西省小城镇发展时序沿革 表 4-1

年份	小城镇发展大事记	相关政策文件
2006 年	开展“千村百镇”建设整治	《关于开展“千村百镇”建设整治活动的通知》（陕建发〔2006〕5 号）
2008 年	着手“关中百镇”建设	《关于做好关中地区百镇建设工作的通知》（陕建发〔2008〕77 号）
2009 年	确定 107 个建制镇为重点镇	《陕西省人民关于加快重点镇建设推进全省县域城镇化的意见》（陕政发〔2009〕50 号）
2011 年	开展撤乡并镇工作	《2011 年陕西省撤乡并镇及部分乡镇行政区划调整公告》
	提出建设 31 个省级重点示范镇	《关于加快重点示范镇建设的通知》（陕政发〔2011〕33 号）、《陕西省重点示范镇规划编制技术要求》和《陕西省重点示范镇建设标准（试行）》
2013 年	提出建设 31 个省级文化旅游名镇	《关于加快建设全省重点示范镇和文化旅游名镇（街区）有关事项的通知》（陕办发〔2013〕43 号）和《关于做好文化旅游名镇（街区）规划建设工作的通知》（陕建发〔2013〕214 号）
	提出建设 8 个沿渭重点镇	重点示范镇中的 4 个加上新增的 4 个共 8 个沿渭重点镇
	确定 16 个省上跟踪考核的市级重点示范镇	《关于跟踪指导考核市级重点镇建设的通知》（陕建发〔2013〕269 号）

2. 政策措施

陕西省近年来推进小城镇建设的主要政策措施有以下几方面：

（1）模块化规划、标准化建设

按照建设农民幸福家园的标准，指导重点示范镇加强规划编制，组织设计一镇一模块及5套新型农村社区标准化模块，指导各镇结合实际，突出特色，推进新区建设。模块化规划即按照农民居住相对集中、公共服务设施配套完善的要求，选择集中连片用地，规划建设功能分区合理、设施配套齐全、生态环境优美的新区模块，实现城乡公共服务均等化；

标准化建设即按照《陕西省重点镇建设标准》，根据人口规模实施基础设施和公共服务设施标准化建设，建成布局合理、规模适度、功能健全、环境整洁的示范样板城镇。

【案例】渭南市富平县庄里镇

庄里镇位于富平县城西北13公里处，总面积123平方公里，总人口8.2万人，2011年被省政府列为全省重点示范镇。按照重点示范镇“模块化规划、标准化建设”的要求，庄里镇先后组织编制了庄里镇总体规划、片区控制性详规、起步区修建性详规和镇域居民区规划等规划。通过标准化建设，两年来累计完成投资6.5亿元，镇区面积扩展到4.5平方公里，镇区人口达到4.6万人。新区市政基础设施建设方面，完成南环路、友谊路、幸福路等主干道路；新区公共服务设施建设方面，完成东、西广场硬化、绿化、亮化建设，临街商铺建成5万平方米；新区住房建设方面，开工建设35栋，完成建筑面积10万平方米；建成区改造提升方面，老街综合改造、中心卫生院住院楼等10个项目完工。通过模块化规划、标准化建设，庄里镇正朝向“西部工商重镇、历史文化名镇”和县域副中心的目标逐步迈进（图4-1、图4-2）。

（2）加大政策扶持力度

陕西省从土地、资金等关键环节入手，出台了多项政策措施，加大对重点示范镇、文化旅游名镇等政策支持力度（表4-2）。给予每个重点示范镇连续五年的支持政策，明确每个重点示范镇1000万元专项资金和1000亩城乡建设用地增减指标的政策支持。在各级财政预算中，确定一

图 4-1　渭南市庄里镇规划效果图

图 4-2　渭南市庄里镇新区建设实景图

定比例用于小城镇基础设施建设；省级财政设立小城镇建设以奖代补专项资金，对建设成效显著的小城镇实施以奖代补，调动小城镇建设积极性。同时，在重点示范镇中，选择人口规模大、产业基础强、发展后劲足的宝鸡蔡家坡镇、汉中大河坎镇等，建立镇级财政，土地出让金净收益和基础设施配套费等地方税费，除上缴省级以上的规费外，其余部分全额留镇用于小城镇建设。2011年陕西省财政设立了城镇化专项资金，支持重点示范镇建设，三年来，累计安排资金9.46亿元。此外，省财政用于农村道路、环保、教育、卫生、社保以及服务业、旅游业等专项资金也都向重点示范镇倾斜。从2013年起至2015年，省财政每年安排31个文化旅游名镇建设专项资金500万元，支持旅游古镇基础设施建设，有利促进当地旅游业发展。

陕西省重点发展小城镇遴选标准及扶持政策　　表 4-2

类型	遴选标准	主要扶持政策
重点示范镇	依据人口规模、区位优势、产业基础和发展潜力，按照择优扶强、优中选优，突出重点，兼顾地区布局的原则，选取镇区现状人口 1 万人左右，镇区规划人口 3 万人左右，交通便捷，有主导产业、特色产业及园区布局，能够示范带动当地县域经济发展的工业强镇、旅游特色镇和现代农业示范镇，能够通过 3 ~ 5 年的标准化建设建成县域副中心	用地支持：省政府为每个重点示范镇提供 1000 亩土地增减挂钩指标 资金支持：省政府连续 5 年为每个重点示范镇拿出 1000 万专项启动资金支持建设
文化旅游名镇（街区）	有一定规模或独特的、保存基本完整的自然、人文景观，历史街区、传统风貌区及历史文化遗产；市政基础设施的建设，按照要求有合理的配置和具体安排，运转正常，维护良好；在观光游览和休闲度假方面具有较高的开发利用价值，能够体现地方、民族特色、民俗风情和传统乡村特色、自然风貌；在周边省市美誉度较高，具有一定的市场辐射力	用地支持：2013 ~ 2015 年，省政府分批次给予每镇（街区）200 亩城乡建设用地增减挂钩指标；资金支持：省级财政给予每镇每年 500 万元资金专项支持
沿渭重点镇	在关中地区沿渭小城镇中综合考虑区位优势、城镇安全、产业基础和发展潜力等方面因素进行选择	参照重点示范镇政策
跟踪考核市级重点镇	综合考虑区位优势明显、产业发展强劲、发展潜力较大、县镇两级政府积极性高等条件	年终省上评出 5 ~ 8 个成效显著的镇，一次性奖励每镇 600 亩土地增减挂钩指标和 1000 万元

【案例】西安市阎良区关山镇

关山镇位于西安市阎良区城东16公里处，是省级重点示范镇和西安市发展改革试点镇、农村综合配套改革试点镇，总人口5.6万人（图4-3）。重点示范镇建设启动以来，关山镇把城乡建设用地增减挂钩[①]作为破解用地规划指标紧张、建设资金缺乏问题的途径，利用省上1000亩城乡建设用地增减指标的政策支持，关山镇结合《阎良区土地利用总体规划》，编制完成了《新建区控制性详细规划》、《新建区修建性规划》、《村庄建设全域性规划》等专项规划，制定了拆旧、建新、村民安置补偿、项目资金平衡、土地权属调整等5大方案，确保增减挂钩试点工作有章可循、有序开展。实施过程中，关山镇在镇域范围内组织开展农村居民点和农村宅基地利用现状专题调研，通过入户走访、实地察看，摸清现存4273.1亩农村建设用地可以通过土地整治用于增减挂钩工作。按照新区模块规划，阎良区将1000亩用地指标中的499.7亩用于关山镇新区建设，剩余500亩用地指标流转到阎良城区进行土地招拍挂，获得资金收益5亿元，基本可以满足重点示范镇基础设施、市政配套和土地复垦等项目所需资金，再通过吸收社会资本，满足了拟实施的3大类、50个示范镇建设项目的资金需求，基本达到资金收支平衡。两年来，关山镇通过用活土地增减挂钩政策，加快了重点镇建设进程，同时通过废弃地整治，使项目区废弃闲置的土地开发成肥沃农田，改善了群众生产生活环境。

---

① 城乡建设用地增减挂钩是指依据土地利用总体规划，将若干拟整理复垦为耕地的农村建设用地地块和拟用于城镇建设的地块等面积共同组成建新拆旧项目区，通过建新拆旧和土地整理复垦等措施，保证项目区内各类土地面积的平衡。

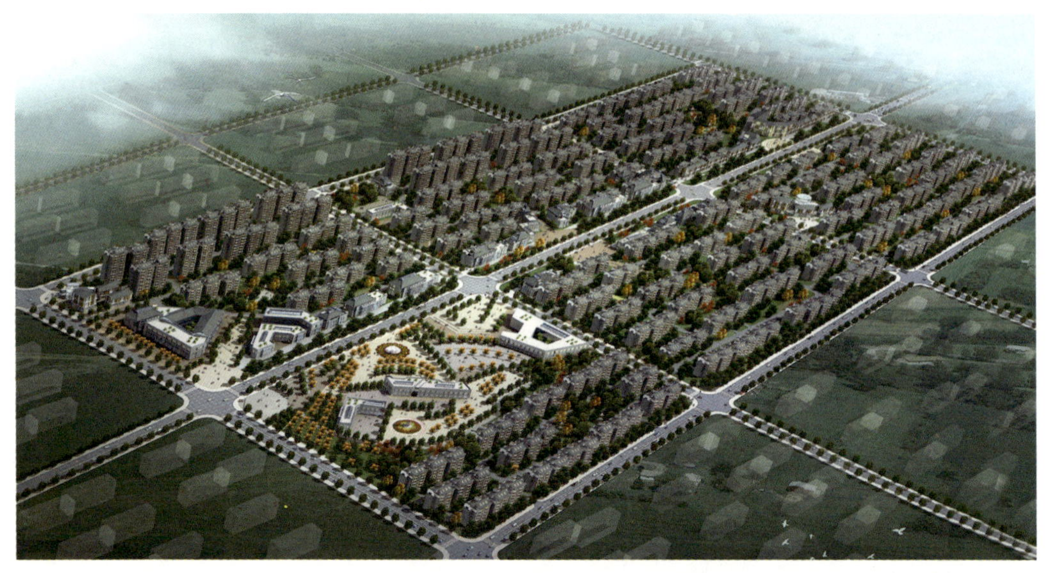

图 4-3　西安市关山镇规划效果图

（3）多渠道筹措建设资金

陕西省在小城镇建设中，通过出让公共服务设施经营权、公益性设施与商业开发结合、公建民营、民办公助等形式，积极引进市场机制，多渠道筹措小城镇建设资金。同时，加大招商引资力度。引导有信誉的投资商积极参与重点示范镇建设，编印了《全省重点示范镇建设招商推介洽谈会项目册》，2011年组织召开150余家企业参与全省重点示范镇建设项目招商推介洽谈会，通过陕西建设网等传媒广泛宣传，向省内外企业发出倡议书，引导企业在重点示范镇投资创业。

【案例】杨凌示范区五泉镇

五泉镇位于杨凌农业高新技术产业示范区西北部，镇域总面积27平方公里，辖19个行政村，总人口2.4万人。2011年被省政府列入全省重点示范镇之一（图4-4、图4-5）。五泉镇在开展重点示范镇建设中，注重政府与市场“双轮驱动”，以解决建设资金不足问题。一方面，加大财政扶持力度，区财政每年专项列支500万元用于重点示范镇建设；充分利用省上安排的1000亩城乡建设用地增减挂钩指标，在安置进镇农民的基础上，拿出部分土地通过招拍挂进行商业开发，盘活土地资源；并大力推行项目资金使用，将省相关部门的资金集中向重点示范镇建设倾斜。另一方面，积极利用市场资源，坚持市场化运作方式，区政府与示范区城投公司签订了《五泉镇建设投资补偿协议》，由城投公司采用BT模式实施重点镇建设项目。灵活的资金筹措机制是推动五泉作为重点镇发挥示范效益的重要因素。

图4-4 杨凌区五泉镇规划效果图

图 4-5　杨凌区五泉镇建设实景图

（4）建立目标考核推进机制

针对重点示范镇建设，制定了相应的考核办法，实施“月通报、季讲评、半年观摩、年终考核”的推进机制。每月由省重点示范镇领导小组对各镇工作情况进行汇总排名；每季度组织在工作成效突出的镇召开季度工作讲评会，由排名前3位的镇介绍经验；每半年开展一次观摩与检查；年终进行综合考核，提出考评意见，评选出10个先进示范镇，由省政府予以表彰奖励。通过建立目标考核推进机制，有效调动了市、县、镇各级政府积极性，有力推进了重点示范镇建设进度。

3. 建设成效

在良好政策环境下，陕西省小城镇建设尤其是重点示范镇建设取得显著进展。自2011年3月省级重点示范镇启动以来，截至2013年12月，其中31个重点示范镇累计开工建设项目1525个，累计完成投资261.2亿元。新区市政基础设施及公共服务设施项目203个，新区住房项目61个，建成区改造提升项目772个，住房项目189个，建成区改造提升项目426个。两年多来，31个重点示范镇镇区面积扩大14.8平方公里，吸纳进镇人口15.38万人，提升全省城镇化水平0.4个百分点。建设市政道路201公里，垃圾处理场17个，污水处理厂16个，学校30个，医院8个，幼儿园18个，文体中心24个，休闲广场16个，市政基础设施和公共服务水平不断提升，综合承载能力显著增强。通过全省重点示范镇建设项目招商推介洽谈会，累计签约119.8亿元。此外，2013年7月启动31个省级文化旅游名镇建设，共完成建设项目103个，完成投资3.26亿元，成效显著。

（二）总体特征

1. 空间差异显著，地域化发展渐趋鲜明

陕西省地跨关中、陕北、陕南三大地理单元，受三大区域自身地形地貌、气候条件、风土民俗、文化环境、资源禀赋等因素影响，三大区域小城镇空间差异显著，同时也逐步形成具有显著地域特色的城镇化推进路径。

关中地区地处渭河平原，温带季风性气候，区内发育有渭河、泾河等河流，分布有连霍高速等交通干道，地形平坦开阔，灌溉条件良好，对外交通便利，历史文化积淀厚重，资源承载能力较强。关中地区小城镇分布密集，约占全省总量的40%，区内小城镇与丝绸之路经济带、关中城市群等联系相对密切，空间集群化发展态势初显，是陕西省小城镇发展的重点推进区域。

陕北地区地处黄土高原丘陵沟壑区，以塬、梁、峁、沟为基本地貌类型，属温带大陆性半干旱气候。陕北地区煤炭、油气等能源资源相对富集，受陕北能源化工基地带动，区内工业发展较快。陕北地区小城镇分布相对稀疏，约占全省总量的20%。区内小城镇发展受水资源、土地资源限制较大，主要依托工业园区带动小城镇发展。

陕南地区地形复杂，北靠秦岭、南倚巴山，汉江自西向东穿流而过，属于暖温带半湿润气候，水资源丰富，是重要的生态保育承载地（图4-6）。陕南地区小城镇发展受用地限制相对突出，区内虽分布有全省40%的小城镇，但其中近53%的小城镇建成区面积小于50公顷。依托移民搬迁的异地城镇化是陕南地区近年来小城镇发展的重要途径。

图4-6 陕南地区典型地貌

2. 城镇数量众多，集聚规模稳步壮大

截至2012年陕西省共有小城镇1021个，占到全国小城镇总量的5.3%（图4-7）。相较于沿海省份以及周边省份，陕西省小城镇数量相对较多。

小城镇作为陕西省推进城镇化的重要抓手，近年来其人口与用地规模不断壮大。2012年全省小城镇容纳城镇人口占到全省城镇人口总量的26.2%，相较于2005年提升10余个百分点（图4-8）。自2005年以来，全省小城镇镇区人口从154万人增加到527万人，年均增长约53万人；平均镇区人口规模达5163人，增长近2倍；建成区面积由559平方公里增长至1044平方公里，扩大近1倍（图4-9）。

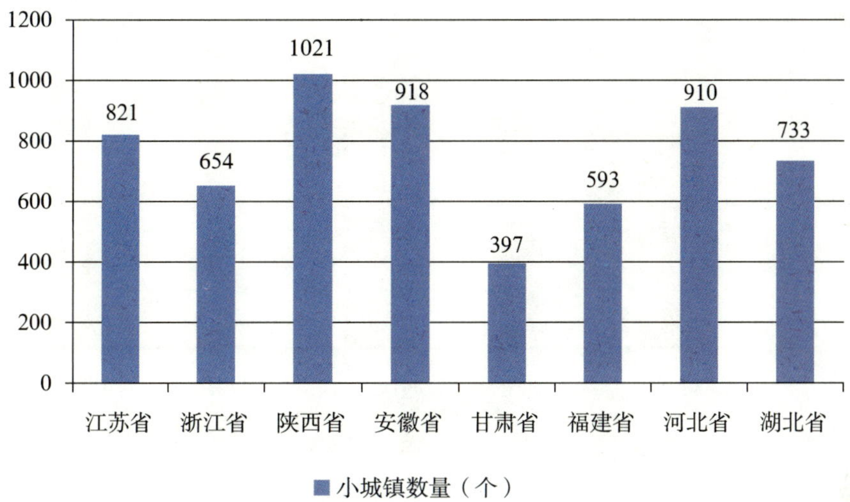

图 4-7　陕西省小城镇数量与其他省对比

数据来源：中国行政区划网（2012）

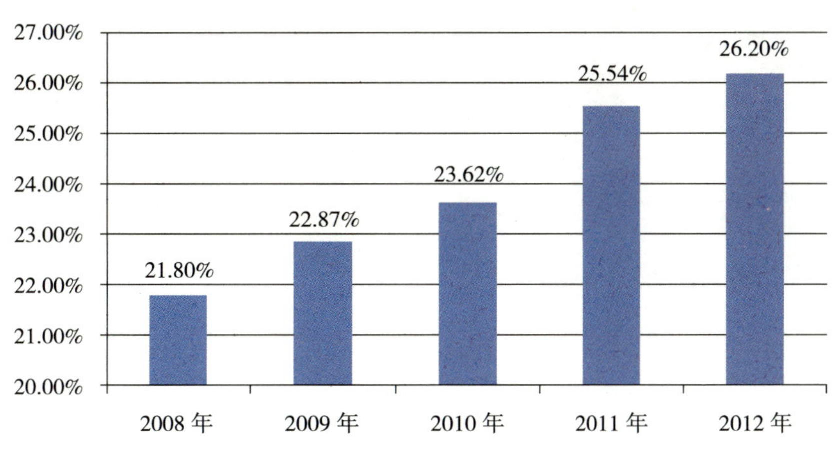

图 4-8　小城镇在陕西省城镇人口的比重

数据来源：陕西省城建统计年报

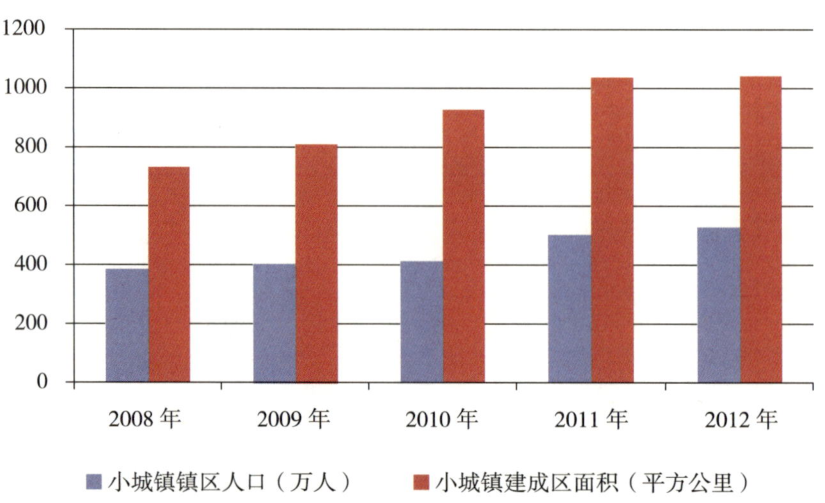

图 4-9　陕西省小城镇规模变化情况

数据来源：陕西省城建统计年报

3. 发展潜力巨大，综合承载力不断提升

2012年陕西省小城镇的镇区常住人口占镇域常住人口的比重为21.63%（图4-10），对比西方发达国家和国内东南沿海省份，发展空间

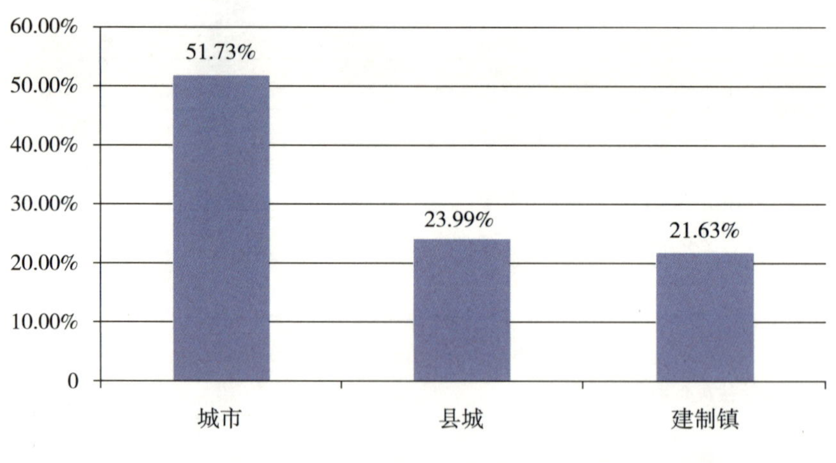

图 4-10　城市、县城、镇建成区人口比重

数据来源：陕西省城建统计年报

很大。同时按照城镇化一般发展规律，当城镇人口所占比重接近30%，将会处于城镇化发展的加速阶段，从这个角度讲，陕西省小城镇发展潜力巨大。

在陕西省推进小城镇发展的扶持政策带动下，近年来全省小城镇的综合承载力显著提升。一方面，小城镇非农就业承载力逐步增强。小城镇非农产业的壮大集中体现为小城镇工业园区的快速发展。如锦界工业园截至2012年创造工业产值60亿元、吸纳就业1.3万人；西吴工业园创造工业产值40亿元、吸纳就业1万人；沙河子工业园创造工业产值14.8亿元、吸引就业0.47万人；庄里工业园实现年产值61亿元，带动当地群众就业1.3万人；另一方面，小城镇设施承载力不断提升。2008～2012年，陕西省小城镇用水普及率、燃气普及率、绿化覆盖率、生活垃圾无害化处理率分别提升了2.59、16.12、1.17和0.9个百分点，排水管道密度增加1倍多（表4-3）。

陕西省小城镇基础设施水平变化情况　　表4-3

项目	单位	2008年	2012年	增额
生活垃圾无害化处理率	%	0.42	1.32	0.9
污水处理率	%	3.19	3.27	0.08
燃气普及率	%	17.4	19.99	2.59
用水普及率	%	68.29	84.41	16.12
人均道路面积	平方米	8.73	9.8	1.07
人均公园绿地面积	平方米	0.54	0.6	0.06
绿化覆盖率	%	6.42	7.59	1.17
排水管道密度	公里/平方公里	1.87	4.21	2.34

注：资料来源于陕西省城建统计年报。

（三）存在问题

1. 与资源要素联动不足，非农产业动力有待增强

陕西省大多数小城镇与周边大都市群、资源工业区、文化旅游区等区域资源要素联系相对薄弱，进而导致小城镇自身非农产业动力不足。如神木县孙家岔镇，镇区与紧邻的燕家塔工业园区联系薄弱，未能依托园区形成生活服务基地，导致产镇分割。目前陕西省一千多个小城镇中，除少部分非农产业突出外，其余大部分小城镇仍以农业生产为主。

2. 城镇规模普遍偏小，设施建设水平相对滞后

根据国内外经验，小城镇镇区人口一般要达到3万人以上，才能发挥规模集聚效应。陕西省小城镇规模普遍偏小，多数无法达到设施配建门槛。2012年全省1021个小城镇中人口小于1万人的有894个，占到87.56%，人口不足千人的小城镇有近100个，人口大于3万人的小城镇比重不足1%。陕西省小城镇平均建成区面积为102公顷，近四成小城镇建成区面积小于50公顷，建成区面积不足20公顷的小城镇有70余个（图4–11）。2012年全省1021个小城镇中没有生活污水处理设施的小城镇占到总量的96.87%，没有污水处理厂的小城镇占98.33%；全省小城镇共有生活垃圾处理厂48座，镇均不足0.05座；小城镇燃气普及率仅为城市的1/5、县城的1/3（表4–4）。

陕西省小城镇与县城、城市的设施情况对比　　表 4–4

	生活垃圾无害化处理率	污水处理厂集中处理率	建成区绿地率	燃气普及率	用水普及率
小城镇	1.32%	1.37%	3.02%	17.82%	75.23%
县城	61.58%	73.06%	20.75%	66.05%	86.32%
城市	88.49%	87.64%	33.51%	94.11%	96.15%

注：资料来源于陕西省城建统计年报。

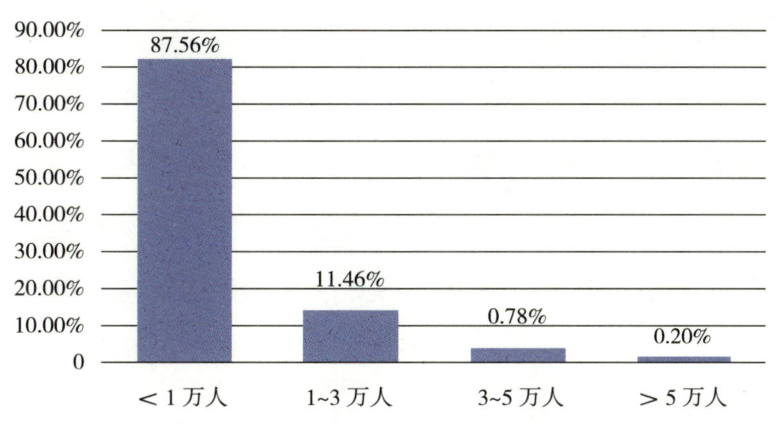

图 4-11　陕西省小城镇规模比重结构

数据来源：陕西省村镇建设统计年报

3. 对自身文化内涵挖掘不够，风貌特色仍待彰显

陕西省文化积淀厚重，有中国历史文化名镇和特色景观旅游名镇多个，但目前全省除个别风貌鲜明、特色突出的小城镇外，大多数小城镇建设存在缺乏特色、千镇一面等问题；部分小城镇在城镇风貌打造中相互模仿、样式雷同、形体乏味、品位较低等；对小城镇自身所处地域文化、自身历史脉络、建筑空间格局等认识不足、挖掘不够，小城镇自身风貌特色有待突出彰显。

二、陕西省小城镇发展趋势研判

（一）国家层面

1. 全国明确新型城镇化路径，要求小城镇加快建设步伐

中央城镇化工作会议确定了我国未来一段时期内围绕新型城镇化建

设的根本基调，会议提出“全面放开建制镇和小城市落户限制，有序放开中等城市落户限制，合理确定大城市落户条件，严格控制特大城市人口规模”，这预示着小城镇将成为未来一段时期内我国人口乡—城转移的重要承接地、推进新型城镇化的重要载体。此外，会议强调“要依托现有山水脉络等独特风光，让城市融入大自然，让居民望得见山、看得见水、记得住乡愁；要融入现代元素，更要保护和弘扬传统优秀文化，延续城市历史文脉；要注意保留村庄原始风貌，慎砍树、不填湖、少拆房，尽可能在原有村庄形态上改善居民生活条件；要传承文化，发展有历史记忆、地域特色、民族特点的美丽城镇”，小城镇作为传承乡愁的重要载体，在特色化建设、生态保护、城镇化质量提升等方面迎来重要发展机遇。

2. 全国调整重点镇战略布局，优化小城镇发展政策环境

2013年7月国家发改委、住房和城乡建设部等多个部门联合出台《关于开展全国重点镇增补调整工作的通知》，决定对2004年公布的全国重点镇进行增补调整，并提出各县（市）至少有1个重点发展镇列为全国重点镇的目标。除了进行增补调整外，有关部门正在研究扶持重点镇的支持政策，以确保小城镇的持续、健康发展。这将为全国小城镇的发展创造良好的发展环境与政策机遇。

3. 全国建设绿色小城镇试点，引导小城镇建设模式转型

2011年住房和城乡建设部、财政部联合发布《关于绿色重点小城镇试点示范的实施意见》，决定“十二五”期间开展绿色重点小城镇试点示范，逐步引导小城镇建设模式转型。《意见》提出通过政策扶持与引导，创建一批生态环境良好、基础设施完善、人居环境优良、管理机制健全、经济社会发展协调的绿色重点小城镇，突出小城镇特色化建设以及绿色生态设施建设。这不仅为全国小城镇绿色转型发展提供良好政策支撑，同时也明确了未来小城镇发展中应逐步加强生态绿色建设的转型趋势。

（二）省域层面

1. 全省空间格局优化调整，为小城镇建设开拓良好外部环境

随着丝绸之路经济带建设，陕西省省域城镇空间格局从原先的“王”字形格局，逐步调整为“一核四极、一群多区、两轴两带、三走廊”，强调了关中城市群的主体地位，确定了多个城镇化重点发展区。陕西省小城镇受自身规模、承载力等限制，与上层级大中城市的大区域格局联系相对较少，省域空间格局的调整，强调了区域尺度下城镇集群、城镇集聚区的建设，这将为全省小城镇融入区域格局、承接大中小城市辐射溢出提供良好的外部环境。因此，在未来一段时期内，充分融入区域城镇空间格局，依托大中小城市，寻求发展机遇是陕西省小城镇发展的可行路径。

2. 全省政策方针更趋明晰，为小城镇建设明确发展方向

陕西省十分重视小城镇建设，推进小城镇建设的引导政策经过多年实践，呈现出以下特点：一是政策扶持面更加突出重点，将有限的土地与资金集中在少数重点城镇上；二是城镇选择面更加特色化，重点扶持的城镇类型更加多样化，不仅仅局限于经济实力强的城镇，也大力发展特色小城镇；三是区域选择面更加集聚化，强调对沿河流、沿经济带小城镇的扶持，突出空间集聚引导；四是政策推动面更加突出层次，从省级重点镇到市级重点镇，逐级推进。全省对小城镇扶持政策方针的逐步明晰，为下一阶段全省小城镇发展战略指明了方向，即应进一步突出重点、突出特色、突出集聚、突出层次。

（三）发展启示

1. 应进一步认识小城镇建设的重要性

一是小城镇是未来陕西省就地城镇化的主要载体。根据中央城镇化工作会议精神，小城镇户籍制度将逐步开放，势必成为农民就地城镇化的重要人口承载地；二是小城镇是推动城乡一体化的关键所在。小城镇作为联系城市与农村的衔接纽带，是吸纳农村转移人口就业、提供均等社会公共服务的最主要平台；三是小城镇是开展生态文明建设的重要阵地。小城镇是开展山水生态建设、维护农田绿地体系、完善生态绿网格局的重要建设区域；四是小城镇是实现农业现代化的服务平台。小城镇是直接服务农村生产活动的空间载体，是服务农民生产生活，开展农副产品精深加工，组织农民开展农产品产销一体等农业现代化转型的组织中枢。

2. 应大力开展小城镇的特色化建设

根据国家小城镇发展政策导向，特色化是陕西省小城镇发展的必然道路。加强山水生态环境建设，保有“乡愁”、开展绿色生态设施建设等，是未来一段时期内我国小城镇特色化发展的重要方面。陕西省文化积淀厚重、三大区域地域化特色鲜明，不同地理单元内小城镇可挖掘的历史文化、地域风情等特色资源丰富，应因地制宜，分三大区域对小城镇分类指导，凸显陕西省小城镇的地域化特色发展。其中，关中地区小城镇应结合丝绸之路经济带建设以及关中城市群的建设开展，凸显关中民俗文化；陕北地区小城镇应结合当前国际能源市场重构的大背景，以产镇融合谋求发展，并应凸显黄土文化，积极推广生土绿色建筑；陕南地区应以秦巴山区生态保护为根本，大力开展移民建镇和撤镇并镇，并突出陕南民居特点和山水风貌特色。

3. 应以做大集镇为小城镇建设的重要任务

陕西省小城镇集聚规模较小是制约城镇化进程的重要原因。合理采取行政区划调整、引导偏僻地区小城镇人口外迁、加快沿路沿河小城镇集聚发展，逐步引导小城镇达到适宜的人口规模，切实做大集镇，是未来一段时期内陕西省小城镇发展的重要任务。同时，增强全省小城镇内生动力、提升其对周边人口就业吸纳力，是解决陕西省小城镇发展滞后问题的重要途径。充分挖掘周边可依托的资源要素，积极引导小城镇与周边工业园区、文化旅游景区、生态保护区、物流园区、历史街区、农业基地、大城市增长极等资源要素融合发展，植入内生发展驱动力，是当前及未来一段时期内陕西省小城镇建设的重点。

三、陕西省小城镇发展战略

（一）发展思路

以中央城镇化工作会议精神为指导，按照“建好西安、做美城市、做强县城、做大集镇、做好社区”的总体思路，以重点示范镇、文化旅游名镇、沿渭重点镇等为抓手，以关中地区作为小城镇优先推进区，以“整合资源融合发展、融入区域借力发展、突出重点逐级发展”为主线，因地制宜、分类引导、突出特色，有序扩大小城镇集聚规模，完善设施配套，增强小城镇综合承载力，坚定不移地走特色化发展道路。

（二）发展原则

一是择优培育、以点带面。对发展基础较好、综合承载力较好、发展潜力较大的小城镇进行优先培育，抓好省级重点示范镇、文化旅游名镇、沿渭重点镇以及市级重点示范镇建设，发挥其示范效应，带动周边小城镇发展。

二是分类引导、逐级推进。针对陕北、关中、陕南三大地域特点，分区域引导；针对文化旅游名镇、重点示范镇、沿渭小镇、秦岭风情小镇、工业强镇、移民小镇等，分类型指导。通过省级重点示范镇、市级重点示范镇等进行逐级引导、逐层推进，有序开展小城镇建设。

三是因地制宜、借力发展。结合河流水系、文化廊道、交通轴网等空间要素，依托小城镇自身及周边不同资源优势，因地制宜，结合工业园区、旅游景区、物流园区等发展要素融合发展，增强小城镇发展动力。

四是生态优先、特色打造。走生态、集约、绿色、智能的新型城镇化道路，维护小城镇农田绿地体系、完善生态绿网格局，提升土地集约利用率，加快绿色低碳节能应用；挖掘小城镇自身文化内涵，打造具有鲜明特色的小城镇风貌景观。

五是设施先行、统筹共享。以基础设施建设为抓手，通过完善设施配套，增强承载力，改善小城镇人居环境。根据合理的门槛规模，完善小城镇公共服务设施体系，构建统筹城乡、机会均等的基本公共服务平台。

（三）发展目标

1. 人口集聚效应显著提升

到2015年，全省小城镇容纳城镇人口占城镇人口总量的比重达到30%，人口规模1万人以上小城镇数量占到总量的比重提升至15%。到2020年，全省小城镇容纳城镇人口占城镇人口总量的比重达到40%，培育15～20个人口规模3万人以上的小城镇。

2. 城镇化产业支撑明显增强

到2015年，小城镇非农经济总量年均提升10%，重点示范镇形成主导产业，省级文化旅游名镇旅游业收入年均增长8%，年接待游客量达到1500万人次。到2020年，小城镇产业基础进一步夯实，文化旅游名镇旅游业收入年均增长10%，年接待游客量达到3100万人次。

3. 综合承载能力大幅提升

到2015年，重点示范镇综合承载力接近全国平均水平，文化旅游名镇旅游服务设施建设标准达到全国平均水平。到2020年，重点示范镇综合承载力进一步提升，文化旅游名镇旅游服务设施建设成效显著。

4. 特色化风貌逐步凸显

到2015年，完成部分试点小城镇建筑风貌景观改造，建成3个左右风貌特色鲜明的特色示范小镇。试点开展“智慧小镇”建设，初步实现镇区数字化管理。到2020年，进一步扶持一批特色示范镇。

5. 空间集群初步形成

到2015年，基本形成渭河沿线小城镇集聚带和秦岭北麓小城镇集聚带；到2020年，全省小城镇集聚发展区基本形成，小城镇空间集群发展成效明显。

四、推进陕西省小城镇建设的实施路径

（一）强化推进特色——择优培育、以点带面

在全省既有小城镇引导方针的基础上，按照集中力量、择优培育、

突出重点、逐级推进的原则，进一步扶持示范性小城镇建设，以点带面辐射周边区域小城镇发展。

1. 强力推进重点示范镇建设

进一步加快推进35个省级重点示范镇建设（图4–12），将重点示范镇建设与渭河综合治理、移民搬迁、撤乡并镇、农民进城、园区建设等紧密结合。加快新区模块化建设，改造提升老区，整合镇域社区，加快产业园区建设，做强重点示范镇主导产业。推进重点示范镇“扩权强镇”改革，激活重点示范镇内生动力。完善重点示范镇建设考核机制，制定重点示范镇与周边镇村的帮扶路径，强化其辐射示范效应。力争到2015年，重点示范镇市政基础设施、公共服务设施建设基本达到《陕西省重点示范镇建设标准》，成为县域副中心和农民进城创业平台。

2. 加快文化旅游名镇建设

分类指导文化旅游名镇建设，根据31个文化旅游名镇自身资源情况、开发条件、历史价值等，按照旅游开发型、保护开发结合型、传统民居保护型三类进行引导（图4–13）。以特色化打造为原则，加快各类配套设施建设，加强镇区环境综合整治提升。在既有扶持政策下，进一步明确各文化旅游名镇的发展定位、旅游产品及风貌特色，注重历史建筑、古村落、历史街区的保护利用。挖掘历史文化内涵，彰显古风古韵，打造精品工程，拉动乡村旅游，促进旅游业成为战略性支柱产业。构建文化内涵厚重、建筑风貌鲜明、宜居宜游的特色小镇。争取用3～5年时间培育出2～3个国内外知名的旅游名镇。

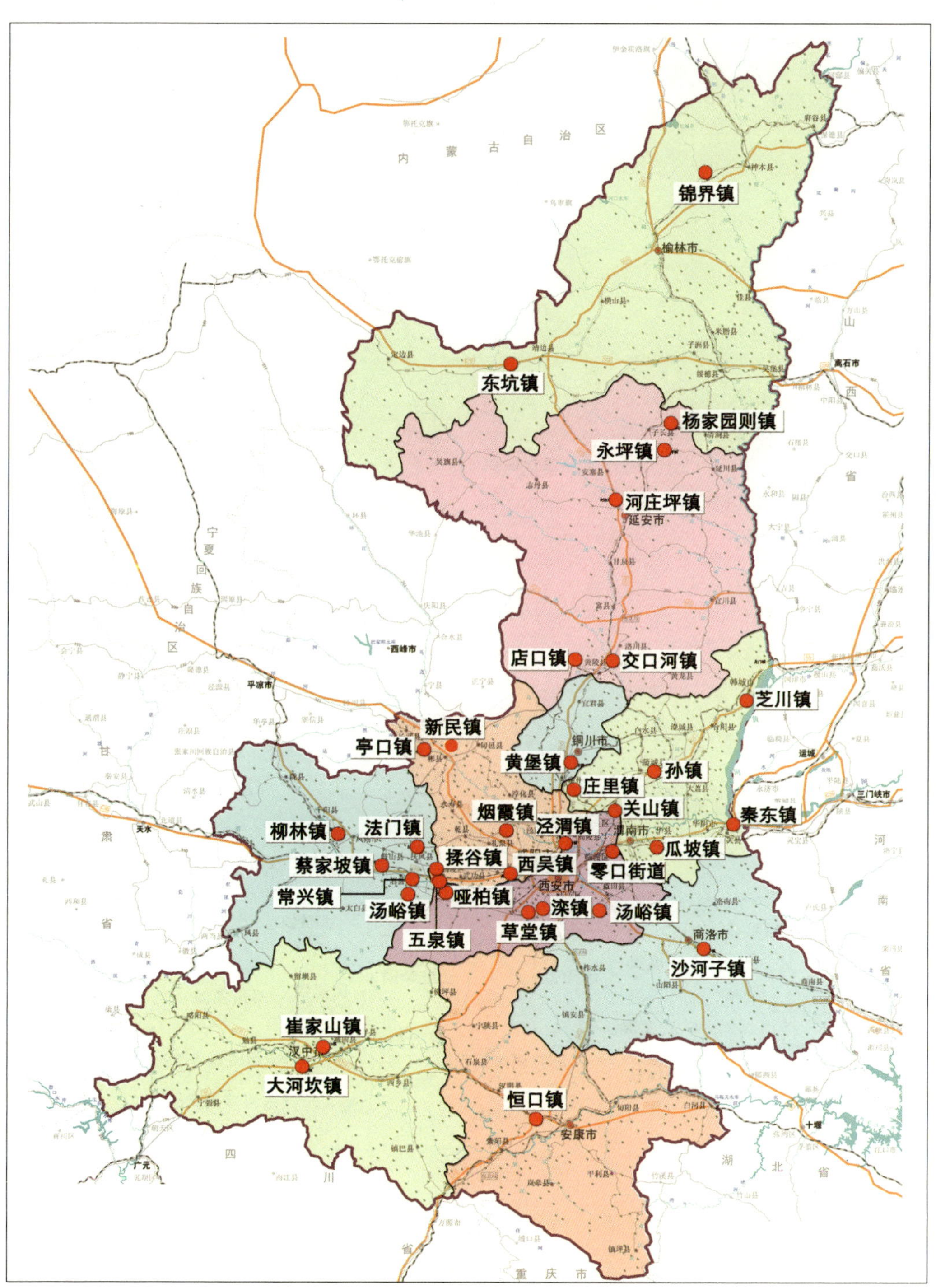

图 4-12　陕西省 35 个省级重点示范镇分布图

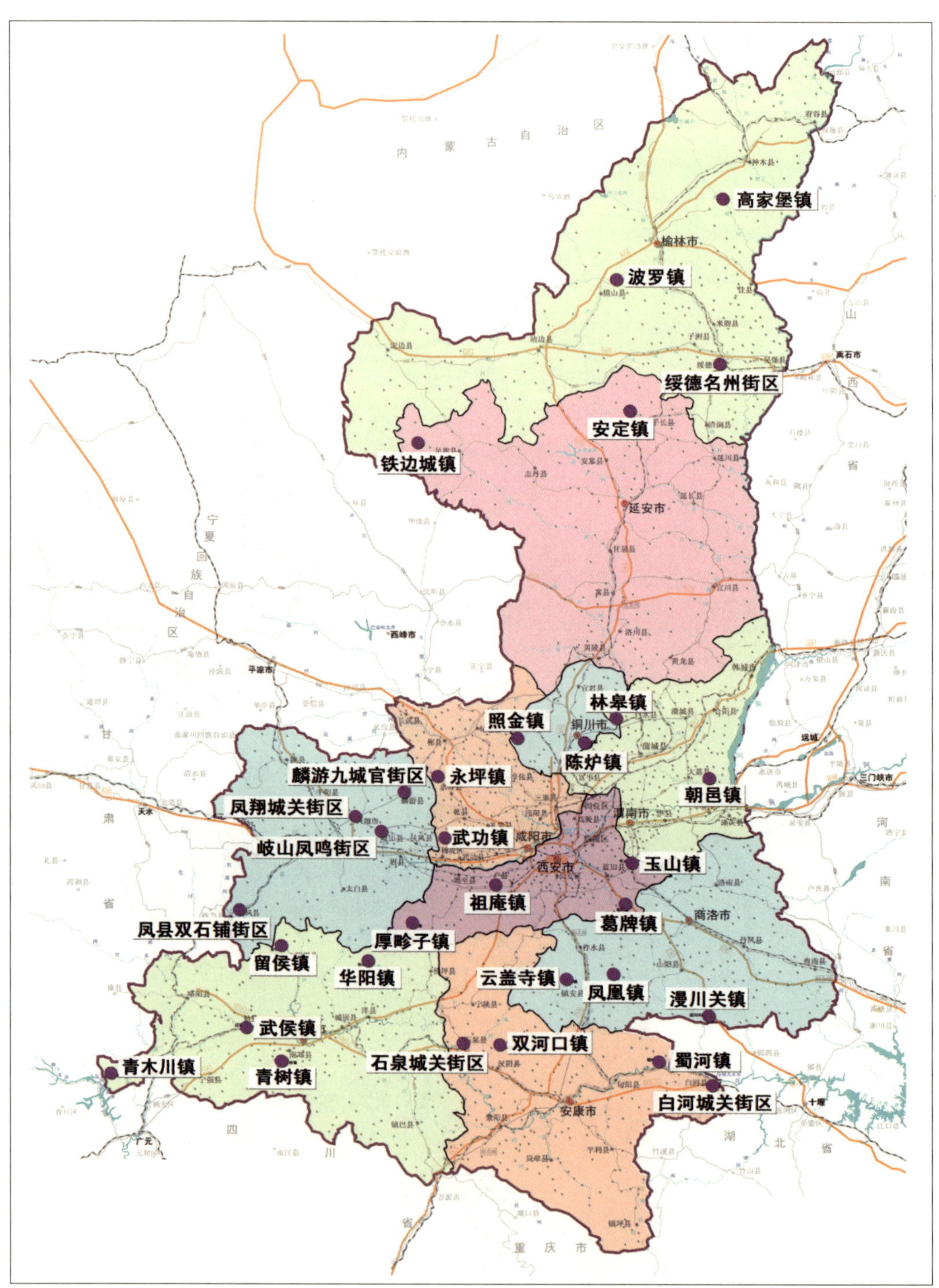

图 4-13　陕西省 31 个省级文化旅游名镇分布图

3. 着力打造沿渭小镇

调整完善岐山县蔡家坡镇、眉县常兴镇、杨凌区揉谷镇、兴平市西吴镇、周至县哑柏镇、高陵县泾渭镇、临潼区零口街办、潼关县秦东镇等8个沿渭省级重点示范镇的现有规划，综合利用渭河水资源、滩涂资源、湿地资源等，做好小城镇滨水景观设计，打造具有鲜明滨水特色的沿渭景观带，积极建设串联沿线小镇的绿网廊道与游憩线路。发展生态农业、观光旅游等产业，开发滨河商业服务产业，构建滨水活力小城镇示范增长点。

4. 实时跟踪市级重点镇建设

在现有的16个省上跟踪指导考核的市级重点镇的基础上，进一步深化指导措施，通过考核指标等动态数据，实地跟踪，切实对发展势头较好的小城镇进行政策扶持，培育成为继省级重点镇之后具有较强的产业动力支撑和辐射效应的小城镇。同时，从全省区域格局角度考虑，适时增补直罗镇、顺宁镇、壶口镇等作为市一级重点镇进行扶持，促进省域城镇体系的空间格局完善。

5. 积极培育镇级市

在目前主抓的35个省级重点示范镇基础上，选择区位条件好、综合承载能力强、集聚效应显著的小城镇培育成为镇级市（如岐山县蔡家坡镇、南郑县大河坎镇等）。赋予其县级经济、社会管理权限，扩大土地使用权、财政支配权、行政审批权和事务管理权。并积极尝试镇级市建设“智慧小镇”，建设智慧设施、智慧网络、智慧产业等相关智慧城镇体系，力争三年左右时间培育出2～5个镇级市，成为小城镇扩权强镇、体制改革的示范标杆。

6. 逐步开展一般镇迁并整合

对于其他一般镇，以城乡一体化发展为导引，以市域及县域城镇体系规划为依据，结合移民搬迁、城乡居民点体系调整等进行迁并整合。对于区位交通条件较差、自然灾害威胁较大、产业基础过于薄弱、镇区人口少于千人的小城镇，如志丹县杏河镇、太白县太白河镇、凤县三岔镇等，结合移民搬迁进行迁并整合，逐步引导小城镇人口规模达到适宜的集聚门槛。

（二）打造空间特色——空间集群、全局发展

以融入区域空间格局为根本途径，结合“一核四极、一群多区、两轴两带、三走廊”的省域空间新格局，充分发挥重点示范镇、文化旅游名镇等主抓小城镇的示范引领作用，联动周边城镇形成小城镇空间集群，进而带动重点发展片区内小城镇全面发展。在全省范围内打造“两大小城镇集聚带、十一个小城镇集聚区”。

1. 着力打造两大小城镇集聚带

依托关中城市群，结合丝绸之路经济带建设以及大秦岭生态游憩带开发的宏观背景因素，着力打造渭河沿线和秦岭北麓两条小城镇集聚带。

渭河沿线小城镇集聚带。在既有的8个沿渭重点示范镇基础上，新增扶风县绛帐镇、陈仓区天王镇、渭城区正阳镇等小城镇，借助渭河综合治理效应，打造小城镇滨水景观，推进小城镇绿色低碳节能应用，构建串联沿线小镇的绿网廊道与游憩线路，形成渭河景观轴两侧滨水小城镇集聚带。

秦岭北麓小城镇集聚带。以大秦岭生态保护为根本前提，合理挖掘

大秦岭旅游资源，在草堂镇、汤峪镇等重点示范镇以及玉山镇等文化旅游名镇的基础上，鼓励沿线小城镇发展农家乐、温泉度假、休闲观光等产业，构建外围生态农田+绿色产业内核+风情宜居社区的发展模式，形成与阿尔卑斯小镇相比肩的秦岭北麓风情小镇绵延带（图4-14）。

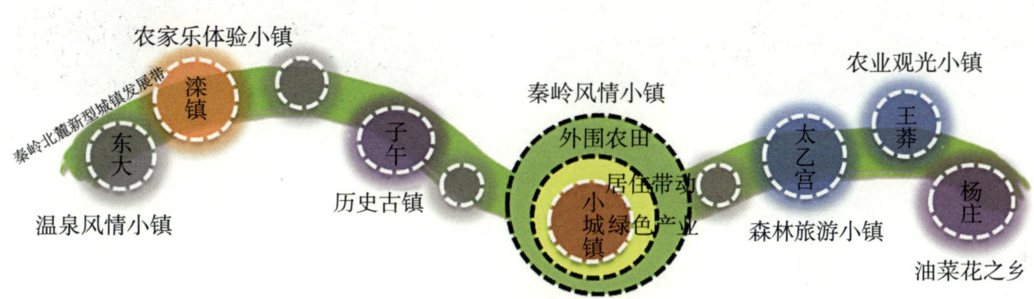

图 4-14　秦岭北麓风情小镇绵延带示意图

【案例】依托著名山脉打造风情小镇

秦岭是我国南北分界线、长江与黄河流域分水岭、汉传佛教策源地、四大国宝栖息地、南水北调支撑区，是华夏文明的历史文脉所在。秦岭与欧洲的阿尔卑斯山脉、美洲的落基山脉并成为全球三大著名山脉，是世界地质公园、国家中央公园。在阿尔卑斯山和落基山山麓地带已有达沃斯小镇、班芙小镇等许多著名的风情小镇（图4-15），但秦岭脚下目前尚未形成国际知名度较高、环境品质良好、生态理念先进的旅游风情小镇。随着丝绸之路经济带建设，秦岭将与阿尔卑斯山成为亚欧大陆的两大人文根基，在生态环境保护前提下适时地发展秦岭脚下的风情小镇，将对于展示推介大秦岭具有一定的积极意义。

图 4-15 阿尔卑斯风情小镇

2. 积极培育十一个小城镇集聚区

在全省城镇化重点发展区的基础上，依托核心城市、工业基地、遗址保护走廊、流域文化带等空间要素，发挥重点示范镇带动效应，积极培育形成十一个小城镇集聚区（表4–5、图4–16）。

陕西省小城镇集群列表　　表 4–5

重点发展区	核心小城镇	外围小城镇
	关中地区	
渭河沿线小城镇集聚带	临潼区零口街道、周至县哑柏镇、凤翔县柳林镇、岐山县蔡家坡镇、扶风县法门镇、眉县常兴镇、潼关县秦东镇、华县瓜坡镇、韩城市龙门镇、杨凌区五泉镇、杨凌区揉谷镇	华阴市敷水镇、泾阳县永乐镇、渭城区正阳镇、兴平市桑镇、陈仓区天王镇等
秦岭北麓小城镇集聚带	长安区滦镇、户县草堂镇、蓝田县汤浴镇、眉县汤峪镇	户县祖庵镇、周至县厚畛子镇、蓝田县玉山镇、太白县咀头镇、周至县楼观镇、长安区五台镇等
彬长旬能源基地小城镇集聚区	彬县新民镇、长武县亭口镇	长武县相公镇、旬邑县太村镇等
铜－耀工业走廊小城镇集聚区	王益区黄堡镇、富平县庄里镇、阎良区关山镇	三原县陵前镇、耀州区董家河镇、耀州区石柱镇等
帝王陵大遗址保护小城镇集聚区	礼泉县烟霞镇、兴平市西吴镇、高陵县泾渭镇、	武功县武功镇、彬县太峪镇、永寿县永坪镇等
西禹工业带小城镇集聚区	蒲城县孙镇	合阳县路井镇、澄城县交道镇等

续表

重点发展区	核心小城镇	外围小城镇
	陕北地区	
长城沿线小城镇集聚区	神木县锦界镇、靖边县东坑镇	神木县大保当镇、定边县安边镇、神木县高家堡镇等
无定河沿线小城镇集聚区	榆阳区镇川镇	绥德县四十里铺镇、子洲县苗家坪镇等
延安周边小城镇集聚区	子长县杨家园则镇、宝塔区河庄坪镇、延川县永坪镇	子长县南沟岔镇、子长县安定镇等
黄陵－洛川小城镇集聚区	洛川县交口河镇、黄陵县店头镇	富县张家湾镇等
	陕南地区	
汉中周边小城镇集聚区	南郑县大河坎镇、城固县崔家山镇	汉台区铺镇、勉县周家山镇、略阳县接官亭镇等
月河川道小城镇集聚区	汉滨区恒口镇	汉滨区五里镇、石泉县池河镇、汉阴县双河口镇等
商丹谷地小城镇集聚区	商州区沙河子镇	丹凤县棣花镇、商州区杨峪河镇等

依托核心城市，形成延安周边小城镇集聚区、汉中周边小城镇集聚区、月河川道小城镇集聚区和商丹谷地小城镇集聚区。其中，延安周边依托河庄坪、杨家园则等重点示范镇，承接延安市工业外溢职能，带动周边小城镇形成以石油化工为内核的小城镇集聚区；汉中周边依托大河坎等重点镇，带动整个大汉中集聚发展区内小城镇全面发展；安康以“一体两翼”为依托，发挥恒口镇的示范带动性，带动周边小城镇协调发展；商洛以商丹一体化发展区为依托，依托沙河子镇、商镇、棣花镇等，带动周边小城镇提升非农经济实力。

依托工业生产基地，形成长城沿线小城镇集聚区、黄陵—洛川小城镇集聚区、彬长旬能源基地小城镇集聚区、铜—耀工业走廊小城镇集聚区和西禹工业带小城镇集聚区。其中，长城沿线以榆神、榆横工业区为依托，

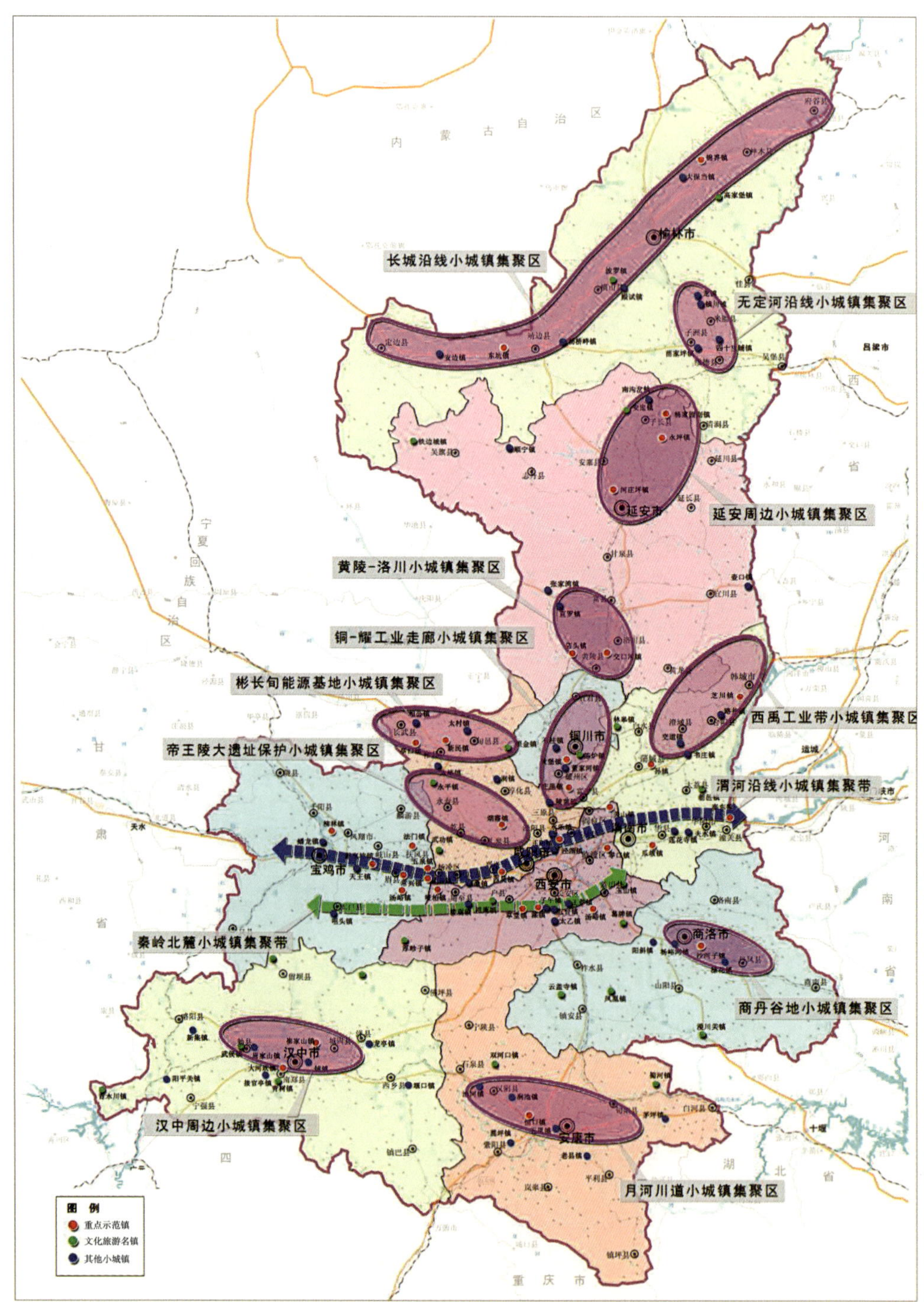

图 4-16 陕西省小城镇重点发展集聚区示意图

发挥锦界镇、东坑镇示范效应，带动周边大保当镇、大柳塔镇、孙家岔镇等小城镇协同发展，形成以能源化工产业为纽带的小城镇集聚区；黄陵—洛川一带发挥其区域交通优势，依托店头、交口河等重点镇，形成囊括物流、工业在内的小城镇集聚区；彬长旬地区发挥彬长旬能源化工基地的带动效应，以太村镇、亭口镇、新民镇等为辐射极核；铜—耀工业走廊形成以资源转型为主线的工业小城镇发展区；西禹高速沿线依托孙镇、龙门镇、昝村镇等工业强镇，带动周边形成东府工业小镇集聚区。

依托文化集聚区，形成帝王陵大遗址保护小城镇集聚区和无定河沿线小城镇集聚区。其中，帝王陵遗址保护小城镇集聚区，依托咸阳帝王陵大遗址带，以烟霞镇、高庄镇等为中心，形成以文化旅游服务为主的小城镇集聚区；无定河沿线依托流域文化积淀，以米脂、绥德等文化大县为依托，辐射带动周边四十四里铺、镇川镇等协调发展，成为陕北黄土风情小镇集聚区。

（三）凸显地域特色——三大区域、分类引导

针对关中、陕北、陕南三大地理单元自身特点，对三大区域小城镇进行分类引导，构建具有鲜明地域特色的小城镇发展路径。

1. 关中地区——依托大城市辐射带动发展

以关中城市群带动小城镇建设。依托关中城市群建设，结合帝王陵大遗址保护、秦岭北麓生态游憩带建设以及渭河综合治理等，以大城市辐射带动小城镇建设，以融入关中城市群为突破口，依托省级重点示范镇以及关中百镇等，带动周边小城镇集群化发展。

依托自身优势培育空间集群。关中地区小城镇自身非农产业基础较

好、发展建设条件较好、交通联系便捷、空间分布集聚，应在区域城镇格局的基础上，依托自身资源优势，如煤炭能源、龙头企业、生态环境、区位优势等，着力构建小城镇空间集群，通过沿渭小城镇集群、秦岭北麓小城镇集群、彬长旬小城镇集群、渭北小城镇集群的构建，加强小城镇之间的产业联动与分工协作，在三大区域内率先开拓以小城镇集群撬动全局的空间发展路径。

彰显关中小城镇文化内涵。加强历史文化名镇、名村保护，加快大遗址保护带建设，逐步加大周边小城镇的文化建设力度。强化小城镇非物质文化保护工作，引导小城镇开展民俗节庆活动，凸显小城镇自身的历史文化脉络。

2. 陕北地区——以产镇融合谋求发展

优先扶持重点发展区小城镇建设。依托榆林、延安两大中心城市以及既有区域重点轴带格局，优先扶持长城沿线、无定河沿线、延安周边、黄陵—洛川四大重点发展区内小城镇建设。在锦界、东坑、店头、河庄坪、交口河等省级重点示范镇的基础上，优先扶持重点发展片区的小城镇建设，形成以产业为联系纽带的小城镇空间集聚区。

以产镇融合培育工业强镇。推进产镇融合，依托榆神工业区、榆横工业区等重大工业集聚区，引导小城镇与周边工业园区融合互动发展，积极充当工业园区服务基地，同时发展与工业园区主要产品相关联的上下游产品，增强小城镇自身非农产业动力，打造工业强镇，进而带动周边小城镇发展（图4-17）。

彰显陕北小城镇黄土文化特色。以无定河流域文化带沿线小城镇建设为抓手，建设生土建筑风情小镇，在沿线小城镇内鼓励开展黄土文化

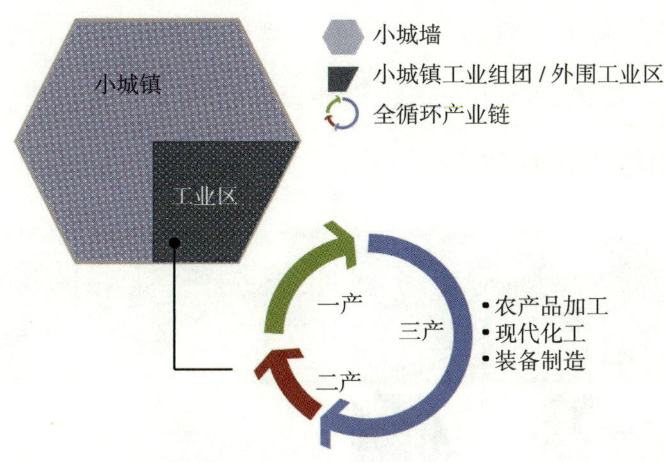

图 4-17 产镇融合示意图

民俗活动，与米脂、绥德等文化大县形成联动之势，示范带动周边地区小城镇文化建设。

3. 陕南地区——与移民搬迁安置相结合

结合移民搬迁推进小城镇建设。把陕南移民搬迁保障性住房建设与小城镇建设结合起来，科学规划，整合资源，统筹推进，以人口集聚为契机，加快小城镇镇区建设，提升城镇设施等综合承载力，以城镇建设引领城镇化发展，推进陕南小城镇的全面发展。

优先开展川道谷地小城镇建设。陕南特殊地形，优先开展汉中盆地、月河川道、商丹谷地三大片区内小城镇建设，结合周边产业园区建设，形成小城镇率先发展引领区，推进陕南地区移民建镇和异地城镇化进程。对区位偏远、用地受限、自然灾害威胁较大区域的小城镇，以保护限制发展为主，部分小城镇可通过行政手段引导其人口外迁。

重点打造陕南古镇旅游品牌。在推进省级文化旅游名镇建设的基础上，加大对陕南古镇的保护力度，进一步提升陕南古镇知名度，加大对发展势头较好的文化古镇的扶持力度，打造陕南十大古镇品牌（青木川镇、蜀河镇、凤凰镇、漫川关镇、熨斗镇、后柳镇、流水镇、洛家坝镇、华阳镇、二曲镇）（图4-18）。

图 4-18 陕南古镇风貌景观

（四）营造风貌特色——传承文脉、突显个性

1. 凸显地域风貌

陕西省关中、陕北、陕南三大地域文化差异显著，应在小城镇风貌景观营造中着重凸显地域特色。关中地区应凸显古朴浑厚的特点，建筑色彩体系以灰色、土黄色为主色调，以青灰色、浅土黄色、米黄色、赭石色等辅色调。运用秦砖、汉瓦等要素，体现汉唐建筑庄重、典雅、鲜明的历史底蕴以及关中民居浑厚、朴实的风貌特色（图4-19）；陕北地区应以黄土风情、黄河文化为主线，小城镇规划设计中充分融合自然山体、水系等生态要素，形成错落有致的高度空间视觉效果。延续窑洞等生土建筑要素，以土黄色、青灰与米白为建筑主色调，建筑材料尽量就地取材，凸显厚、旷、豪、淳的文化特质（图4-20）；陕南地区应凸显巴蜀、徽派等风貌特点，运用木骨、白墙、青瓦等建筑要素，与陕南山水空间

相呼应，建筑体量突出灵动飘逸，建筑材料就地取材，采用本地石材、木材等，建筑色彩应以白灰色为基调，以赭石色、灰色为辅助色，勾勒简约清素之美（图4-21）。

图 4-19 关中风貌特色（咸阳市烟霞镇）

图 4-20 陕北风貌特色（榆林市波罗镇）

图 4-21 陕南风貌特色（安康市蜀河镇）

2. 培育特色示范镇

在目前省级文化旅游名镇的基础上，在关中、陕北、陕南地区，分别选择地域文化传承较好、形象风貌特色鲜明的小城镇，作为特色示范镇优先打造，在既有规划基础上，完善控制性详细规划、修建性详细规划以及城镇风貌设计，保护地方民俗等非物质文化遗产，开展历史街区、建筑的保护整治，力争用三年时间，在关中、陕北、陕南各形成一个特色示范镇，成为展示陕西省三大地域文化特色、建筑特色、风貌特色的特色化建设示范模板与对外宣传窗口。

3. 加强绿色生态建设

在小城镇特色风貌营造中，应加强绿色生态建设。一是加强小城镇生态环境建设力度。维护小城镇生态绿网格局，加强小城镇镇区绿化投入，提升绿化覆盖率，营造宜人的生态环境品质；二是加大小城镇绿色建筑推广力度。在陕北着力推广现代生土建筑技术（图4-22），陕南加大绿色建筑与乡土建筑的结合，推进建筑立体绿化，关中着力推广建筑节能技术。

图 4-22　榆林市米脂县应用现代生土建筑规划效果图

（五）夯实产业特色——融合资源、借力发展

充分挖掘小城镇可依托的发展资源要素，根据小城镇自身资源禀赋及外部资源条件对小城镇产业发展动力进行分类引导，具体分为内部资源带动型、外部资源带动型和政策环境带动型等三种模式。

1. 内部资源带动型

该类小城镇拥有较具规模优势的生产资源优势或独具特色的文化旅游资源，主要依托自身资源优势增强城镇化动力，具体包括农业生产基地型、工业发展带动型、秦岭风情小镇型、文化旅游古镇型等多种类型。

一是农业生产基地型。主要分布在关中平原农业生产区、陕北南侧丘陵区、陕南川道平坦农业区内，以开展规模化、现代化、产业化农业生产，依托大规模现代化设施农业、观光休闲农业、特色农产品基地化种植、农副产品加工等产业，促进小城镇自身产业基础的壮大，推动小城镇的城镇化进程。典型城镇有五泉镇、南泥湾镇等。

二是工业发展带动型。依托小城镇自身工矿资源优势，壮大工业规模，通过工业化进程吸纳农村剩余劳动力，带动人口聚集与小城镇建设。典型城镇有店头镇、孙镇、沙河子镇等。

三是秦岭风情小镇型。位于秦岭山脉沿线北麓、南麓两侧，以秦岭山脉自然生态旅游资源为主要资源，重点发展生态旅游、文化旅游、乡村旅游、户外运动等。典型城镇有草堂镇、汤峪镇、玉山镇等。

【案例】长安五台镇

五台古镇位于西安市长安区南部、环山路以南，秦岭生态保护带中部，古镇内分布有关中民俗博物院（图4-23）、南五台景区以及西弥仿古

风情街等既有旅游资源。古镇驻地留村是西汉张良辟谷之地，有古张良庙、大愿寺等古建筑遗迹以及“七十二汤房、三十六丁字街”的历史空间格局。五台古镇发展中以构建秦岭风情小镇绵延带为大背景，依托秦岭生态资源，大力发展生态农业观光、农家乐旅游、古镇休闲体验等旅游文化产业，构建成为秦岭风情小镇绵延带上以民俗文化和汉传佛文化为特色的风情小镇。

图 4-23　五台镇关中民俗博物院一景

四是文化旅游名镇型。该类小城镇自身即是文化旅游景区，以陕南居多，关中次之。主要依托古镇文化旅游资源，打造成为具有区域影响力的旅游目的地。典型城镇有蜀河镇、青木川镇、凤凰镇等。

【案例】宁强县青木川镇

青木川古镇位于宁强县西北角，地处陕甘川三省交界处，襟陇带蜀，素有“鸡鸣三省”美誉。青木川古镇历史悠久，古建筑群规模宏大，先后荣获“全国特色景观旅游名镇”、“中国历史文化名镇”、“全国最具潜力十大古镇”和“全省最美小城镇”等称号。被确定为省级31个文化旅游名镇之后，青木川镇按照“修旧如旧，建新如旧，保持原貌”的原则，累计捆绑各类项目资金1.7亿元对魏氏宅院、回龙场老街民居、旱船屋、烟馆、辅仁剧社等一大批珍贵的明清古建筑进行修复。建成景区入口服务区和停车场、旅游步道、景观平台等旅游服务设施。2013年共接待游客27万人次，实现综合收入1.2亿元。未来青木川发展，应以建设国家4A级旅游景区为目标，大力发展文化产业，突出地域特色，深度开发以羌文化、地方民俗文化和魏辅堂传奇文化为主的文化品牌（图4-24～图4-26）。

图4-24　汉中市青木川镇规划鸟瞰图

图4-25　汉中市青木川镇回龙场老街

图4-26　汉中市青木川镇回龙巷古城

2. 外部资源带动型

该类小城镇周边分布有相对具有吸引力的发展资源要素，应与周边资源要素进行整合发展。根据周边资源禀赋情况，主要包括都市田园小镇型、工业园区带动型、物流集散带动型、旅游服务基地型等类型。

一是都市田园小镇型，依托周边大城市发展。主要分布在西安国际化大都市周边以及宝鸡—蔡家坡周边。依托大中城市，凭借自身大面积农田绿地、绿廊隔离带等，发展近郊休闲产业，包括休闲农业、近郊度假、体验养生等。成为大都市休闲职能溢出的主要承载地以及大城市未来逆城市化的外围承接区。典型城镇有草堂镇、汤峪镇等。

二是工业园区带动型，依托周边工业园区发展。主要位于陕北能源化工基地、西禹高速沿线、彬长旬能源化工基地以及铜川工业走廊等区域。借力周边工业园区，推动服务行业及相关配套产业发展，促进生产资料市场、商品市场和技术信息市场的兴起和繁荣。典型城镇有锦界镇、新民镇等。

【案例】咸阳市彬县新民镇

彬县新民镇位于彬长旬能源化工基地内，煤炭资源富集，具备发展能源工业基础。目前新民镇已建成占地10平方公里，集商业、居住、办公、仓储、工业于一体的现代化煤化工园区，成功引进陕煤集团、国网能源两户企业入驻园区发展，500万吨煤炭分质利用项目即将开工，配套文家坡煤矿已基本建成，4×100万千瓦电厂项目正在建设中，待园区全面建成后，预计年可实现工业产值160亿元、利税85亿元。通过园区和重点示范镇建设，吸引有条件的农民进镇购房落户、开店经商，已形成专业市场5个，商铺600多家，从业人员2400多名，餐饮、建材、运输、粮油贩运等服务业已初具规模。近三年来，新民镇镇区新增人口3000余人，常住人口增加到3万人（图4-27、图4-28）。

图4-27　咸阳市新民镇规划效果图

图4-28　咸阳市新民镇建设实景图

三是物流集散带动型，依托周边大型物流园区发展。点状分布于省域内区域交通节点以及绥德等大型物流集散地周边，具有高速、铁路、公路、航空节点等区域交通区位优势。着重发挥交通节点区位优势，通过建立区域性仓储物流中心、现代物流基地或农贸市场与专业市场的形式，形成区域重要的物资集散地。典型城镇有恒口镇等。

四是旅游服务基地型，依托镇区周边的旅游文化景区发展。分布于帝陵大遗址保护带、无定河黄土风情带、湖泊河流景区、三河湿地等旅游景区周边。引导镇区与旅游景区整合发展，在镇区内建设配套的旅游服务设施，发展相关的创意休闲、康体娱乐等产业，形成持久的服务型节点。典型城镇有壶口镇、法门镇等。

3. 政策环境带动型

该类小城镇自身资源优势并不突出，周边也缺乏有影响力的资源要素，应借助政策环境积极谋求突破发展。具体包括移民搬迁聚集型和美丽乡村带动型等类型。

一是移民搬迁聚集型，重点结合移民搬迁政策开展。多集中于白于山区、秦巴山区、子午岭等生态相对脆弱地区，依托生态移民、扶贫移民、乡村并点、乡镇合并等行政干预政策，采取移民建镇、并村建镇的方式进行生态保育区零散小城镇的集中建设，积极引导搬迁群众实现城镇化转型。典型城镇有铁边城镇、沙河子镇等。

【案例】商洛市商州区沙河子镇

沙河子镇位于商洛市城东10公里处，总面积168平方公里，辖38个行政村，总人口4.5万人。沙河子省级重点示范镇规划新区总面积1400亩，规划建设用地1098亩，总建筑面积154.63万平方米，绿地率36.82%，可容纳1.26万户，3.85万人居住，计划总投资23.16亿元。重点示范镇建设启动以来，新区路网已经形成，水、电、通信、燃气管道全面铺设，镇政府办公楼、文体广场、计生服务站投入使用；完成压缩式垃圾转运站建设一处；新区休闲公园绿化、广场、道路、照明及景观等完工；柴湾社区服务中心已完工。保障房开工建设11栋1350套，陕南移民搬迁安置房开工建设22栋750套。通过模块化设计、标准化建设，使沙河子镇成为陕南地区结合移民搬迁开展小城镇建设的示范标杆（图4-29、图4-30）。

图 4-29 商洛市沙河子镇规划效果图

图 4-30 商洛市沙河子镇新区建设实景图

二是美丽乡村带动型，以美丽乡村建设为突破口带动小城镇发展。围绕新型农村社区建设，依托良好的生态资源和优美的自然风光，打造自然风貌之美、生活殷实之美、乡风和谐之美，通过农家体验、休闲度假等功能吸引城市休闲人口，发展第三产业，探索一条生态与经济、乡村与城镇、农业与第二、三产业互促共进的发展道路。

五、陕西省小城镇建设的近期行动

（一）近期重点任务

1. 强力推进重点示范镇建设

根据发展规模、承载潜力、示范效应等，对目前35个重点示范镇中示范效应显著、综合承载能力较强的镇，作为近期优先推进的重点加大扶持和建设力度，主要是沿渭小镇和陕南陕北地区示范效应显著的重点镇。

一是重点推进8个沿渭小镇建设。通过完善规划设计、打造滨水景观、壮大生态农业、构建绿廊步道等途径，争取三年出形象、见成效。二是加快关中地区重点示范镇建设，通过重点建设新区模块，力争使新区成为县域副中心，成为农民进城落户、创业的良好平台。三是加大对陕北陕南地区示范效应显著的小城镇的扶持力度。根据辐射带动效应，在陕北陕南地区筛选出2～5个辐射影响较大的重点示范镇（如锦界镇、恒口镇、沙河子镇等），加大政策扶持力度，完善城镇功能，提升环境品质，培育为服务周边农民创业、承载周边农民进城落户的综合服务中心和集聚地。

【案例】榆林市神木县锦界镇

锦界镇位于神木县西北部，总土地面积777平方公里，人口4.2万人，是陕西省面积最大的乡镇。2013年镇域内生产总值265亿元，税收26亿元，其中地方税收达到5.2亿元。自2011年被确定为省级重点示范镇以来，锦界镇坚持“镇园相依、产业互补”的思路，在小城镇及周边侧重发展园区生产配件加工和产业延伸项目，大力发展农业产业化龙头企业和现代服务业。目前镇域已基本形成北部物流及现代农业发展区、中部粮蔬种植及特色养殖发展区、南部综合经济区，现有中小工业企业300户，个体工商户2000多户，农业产业化企业90个。产业兴镇、产业引资、产业聚商聚人的局面已经形成。下一步锦界镇建设中，应作为陕北地区重点示范镇的重中之重加大建设力度，进一步加大新区模块建设步伐，提升锦界工业园区的创新竞争力，并完善升级镇区物流、商贸等生产服务业，借助机制改革背景，争取成为陕北地区镇级市建设试点，成为陕西省工业兴镇的模范标杆（图4-31）。

图4-31 榆林市锦界镇规划效果图

2. 分类推进文化旅游名镇建设

根据自身资源情况、开发条件、历史价值等，可将31个文化旅游名镇分为三类：一类是旅游开发型小城镇，如照金镇，具有较好的旅游开发条件和市场潜力；一类是保护开发结合型小城镇，如青木川镇，一方面需要加大历史遗存的保护力度，一方面亦具有良好的旅游市场预期；一类是传统民居保护型小城镇，如林皋镇，该类小城镇旅游开发承载力相对薄弱、区位条件相对偏远，主要以传统民居保护为主。

近期针对三类文化旅游名镇着力开展分类引导：一是针对旅游开发型小城镇，重点加大旅游服务设施建设力度，完善旅游项目策划。特别加大对秦岭北麓风情小镇的政策扶持力度，加快建成秦岭北麓绿色旅游交通体系，引导环山路沿线小城镇联动发展。争取用三年时间，形成2～3个具有国内外影响力的旅游目的地，建成3个集中展示陕北黄土文化、陕南古镇文化、关中民俗文化的典型模板。二是针对保护开发结合型小城镇，重点处理好开发与保护的关系，明确历史文化保护区范围，加强对新建建筑及设施的控制性和限制性要求。三是针对传统民居保护型小城镇，重点编制其历史文化保护专项规划，加强历史建筑维护、空间格局保护等。

【案例】铜川市耀州区照金镇

照金镇地处耀州区西北部，耀州、淳化、旬邑三县（区）交界处，2012年，全镇总人口16326人，年接待游客人次3.5万人，旅游总收入980万元，镇区人口2842人，镇区面积26.32公顷。照金镇属于旅游开发基础较好、承载能力较强，适宜大规模开发的旅游名镇。大力开展旅游发展，完善佛教文化游、休闲文化游，展现社会主义核心价值观和“红色城乡统筹”建设内容，将照金镇打造为国内一流红色文化休闲名镇，全国红色城乡统筹示范区（图4-32～图4-34）。

图 4-32 铜川市照金镇鸟瞰图

图 4-33 陕甘宁革命根据地照金纪念馆

图 4-34 铜川市照金镇香山景区

3. 深化小城镇机制体制改革

针对全省小城镇内在机制动力不足、规模较小集聚不足等问题，进一步深化小城镇机制体制改革。一是对于发展基础较好、发展条件优越的小城镇进一步放权、扩权。进一步深化扩权强镇改革试点，完善落实相关政策，推进镇级市改革试点。在全省范围内选取发展条件优越、示范效应良好、区域影响较大的2～5个小城镇提升为镇级市，如蔡家坡镇、大河坎镇等，赋予其县级经济、社会管理权限，扩大土地使用权、财政支配权、行政审批权和事务管理权，增强建制镇自我发展能力。争取三年见效，并逐步推广至其他小城镇。二是对于发展基础较差、发展规模过小的小城镇进行合理迁并整合。以提升设施配建经济效率、发挥门槛规模效应为原则，对全省范围内人口规模过小、区域位置过偏、用地限制过大的小城镇进行迁并整合，原则上并入新型农村社区，不作为镇建制建设，逐步优化陕西省小城镇体系。争取用三年时间，使千人以下小城镇减少60%，万人以下小城镇逐步减少10%。加快在省级重点示范镇和文化旅游名镇建立镇一级财政。

4. 加大配套设施建设力度

（1）推进基础设施建设

对于近期优先推进的重点示范镇、文化旅游名镇，分别按照《陕西省重点示范镇建设标准》和《陕西省文化旅游古镇建设规划编制技术导则》，重点加强城镇道路、给排水、供气、供热和污水垃圾等市政基础设施建设，全面提高小城镇设施承载力。加快城镇绿化建设，优化小城镇人居生态环境。对于撤镇并村的一般镇，按照《陕西省新型农村社区建设规划编制技术导则》开展基础设施配套建设。

（2）提升公共服务能力

按照基本公共服务公益化、非基本公共服务市场化的方向，重点加强教育、养老、医疗、文体等公共服务设施建设，促进社会服务资源向小城镇延伸，逐步实现公共服务均等化。通过出让公共服务设施经营权、公益性设施与商业开发结合、公建民营、民办公助等形式，积极引进市场机制，多渠道提升小城镇公共服务承载力。

（二）实施保障措施

1. 科学制定规划

坚持科学规划、合理布局、城乡统筹、节约用地、因地制宜的原则，进一步完善控制性详细规划和各类专项规划。省级重点示范镇及市级重点镇要按照建设城市社区和农民幸福家园的标准，设计一镇一模块及新型农村社区标准化模块。文化旅游名镇及沿渭小城镇要完成修建性详细规划及风貌引导设计的编制工作。将不同层级小城镇设施建设标准建制立章，各层级小城镇设施建设严格按照建设标准实施。

2. 保障建设用地

将小城镇规划范围内的工业园区、城镇基础设施建设项目和国家重点建设项目用地、生态用地和规划区范围内的建设用地纳入当地土地利用总体规划。规范推行城乡建设用地增减挂钩，优化城乡用地布局。稳步推进土地管理改革，坚持依法、自愿、有偿的原则，鼓励进城农民将土地承包经营权进行流转，探索建立进城农民承包经营权和宅基地使用权有偿退出机制。

3. 多元筹措资金

发挥财政资金的引导作用，建立小城镇建设以奖代补激励机制，激发各地加快小城镇建设积极性。对不同层次、不同类型的小城镇进行分类、有侧重的政策资金投入。积极组织策划包装各类项目，争取国家支持，同时整合各类项目和资金，优先向发展较为突出的小城镇进行倾斜。积极利用市场机制，改革投资体制，拓宽融资渠道，大力推进小城镇建设投资主体多元化。

4. 深化户籍改革

全面贯彻落实省委省政府支持小城镇发展的相关政策，全面放开小城镇的落户限制，放开外来人口进入小城镇的条件，鼓励有条件的农民就地就近向小城镇转移，同时扩大住房、就业、教育、基本医疗、工伤、养老等保障覆盖面。

5. 强化监督考核

建立完善目标考核督查机制，将小城镇建设考评工作纳入省上对各市县的目标责任考核内容，加大对各类重点镇的督查力度，做好党政主要领导和挂职干部的考核工作，对综合考评优秀的优先考察使用。每年评出10个重点示范镇建设先进镇、10个文化旅游名镇（街区）建设先进镇和5～8个建设成效显著的市级重点镇，给予表彰奖励，带动和促进全省小城镇全面发展。

附：课题组主要成员名单

课题组组长：周庆华（西安建筑科技大学城市规划设计研究院院长、国家注册规划师、教授、博士生导师）

课题组成员：胡汉利　董景民　牛俊靖　程芳欣　雷会霞　陈晓键　卢君君　高　铁　吴左宾　杨彦龙

第五章

陕西省城镇化综合评价指标体系

城镇化综合评价指标体系是全面考核和评价城镇化发展状况、研究城镇化发展问题的重要工具，对辅助决策、引导发展具有重要意义。为了科学评估陕西省城镇化发展状况，我们在研究借鉴北京、河北、江西、安徽、湖南等省市城镇化综合评价指标体系的基础上，结合陕西省实际，重点突出指标体系的科学性和针对性，按照“做美城市、做强县城、做大集镇、做好社区”的丰富内涵和建设标准，分城市、县城、集镇、社区四个层次，制定城镇化综合评价指标体系，以求准确评估城市、县城、集镇、社区城镇化发展水平，为省委、省政府科学决策提供可靠依据；同时，引导全省各地突出重点地推进城镇化进程。

一、国内相关实践分析

对城镇化发展状况进行检测和评价，是近几年许多地方政府推动城镇化发展的重要工作方法。目前，国内多个省市基于考核和促进基层政府工作、引导和推动城镇化健康发展等目的，提出并制定具有当地特色的城镇化综合评价指标体系。主要有：

（一）北京市

北京市在1996年农村城市化进程监测指标体系研究的基础上，制订了《北京农村城市化综合评价指标体系》。根据城市化的定义和内涵，指标体系从经济发展、社会发展、人口素质、人民生活和基础设施及环境五个方面来检测，采用综合评价分析测评方法从多方面、多视角全面反映农村城镇化进程。

（二）河北省

2006年河北省制定了《河北省重点镇城市化综合发展水平检测评价指标体系》。指标从人口、经济、社会文化和基础设施等多方面系统地考察，包括经济发展、社会发展、聚集与生活、建设与环境和环境质量五个方面，主要用于综合分析和评价全省重点镇发展状况，为重点镇规划建设和发展提供参考和决策依据。

（三）江西省

2010年江西省颁布了《江西省推进新型城镇化和城市建设考核评价

指标体系》。该指标体系考核内容包括城镇化水平、经济社会发展、城镇建设管理、生态环境保护和组织实施五个方面。在指标计算时，对各项指标赋予不同权重，提供具体的考核依据和办法，从而科学、合理地确定城镇化发展状况。

（四）湖南省

2006年湖南省城乡规划委员会审议通过了《湖南省城镇化指标评价体系》。该指标体系按照科学性、全面性、易收集性和非均衡性原则，主要由水平提高、经济发展、生活方便、环境优美和社会安定五个方面构成。在指标评价方面，要求各个部门做好相关指标体系的收集、整理和分析工作，定期对上一年度的城镇化发展情况进行评估，从而找出发展过程中的不足，并制定相应的发展策略，提高本地区城镇化的发展水平。

（五）安徽省

2012年安徽省颁布了《安徽省加快新型城镇化进程考核评价方案》。该方案主要考评内容包括：城镇化率、城乡规划工作情况、城镇综合承载能力、资源节约和环境保护情况、中心镇建设和村庄整治情况、组织实施情况和公众评价七类，对全省各市分类进行比较，设置不同的指标权重，最后按照质量与速度并重、定量与定性兼顾的原则，采用多指标综合评分方法，综合评价城镇化发展情况。

（六）成都市

2012年成都市统计局为科学量化和评价城镇化发展水平，客观全面反映推进城乡统筹发展工作成果，研究并制定《成都市新型城镇化综合评价监测指标体系》。该体系按照经济水平、人口质量、基础设施、公共服务和生活质量五大评价领域，对成都市新型城镇化发展水平进行评价。

综上所述，国内多个省市的城镇化综合评价指标体系虽不尽相同，但大多是对本地区城镇建设水平的综合评估，主要包括人口转移、城镇建设、社会发展、生态环境和城乡协调等方面，没有针对城市、县城、集镇、社区等不同层级城镇化发展的重点和特点，分别进行具体评估，针对性不强。

二、陕西省城镇化综合评价指标体系构成及构建原则

陕西省城镇化综合评价指标体系由“做美城市、做强县城、做大集镇、做好社区”四级评价指标体系构成。在具体指标选取上遵循以下原则：

（一）代表性原则

城镇化过程是人口、经济、社会、地域景观、生活方式和环境等多要素的系统转化过程，所选择的指标应充分反映城镇化发展的主要内容，具有较强的代表性。

（二）针对性原则

指标选取紧扣“做美城市、做强县城、做大集镇、做好社区”总体思路下新型城镇化发展的内涵和标准，在对城市、县城、集镇和社区各级城镇化水平考核过程中，突出“美、强、大、好”四个方面来选取指标，

具有较强的针对性。

（三）独立性原则

在选取指标时要尽量避免重复，尽可能地选择相对独立的指标，以便科学全面反映综合评价结果。

（四）可比性原则

指标体系所选取的指标口径均与国内、国际有关指标相一致，便于评价结果在不同时期、不同地区间进行纵向、横向比较，具有较强的可比性。

（五）易获取性原则

所选择的指标应能够在现行统计资料中获得或者通过抽样调查获得，具有较强的实践可操作性。

三、做美城市综合评价指标体系

（一）做美城市内涵

以完善城市功能、强化城市管理、提高城市品位为核心，突出绿色生态、彰显文化特色，打造环境优美、交通便捷、设施完善、资源节约、管理有序的美丽宜居城市。

按照“关中园林化、陕南森林化、陕北大绿化”总体要求，重点推进三大区域各城市生态建设。**关中：**西安、咸阳、宝鸡、渭南、铜川、杨凌等五市一区要重点完善城市生态体系，建设天蓝、地绿、水净、气爽的美好家园；**陕南**：安康、商洛、汉中三市重点打造山绿水净、自然和谐、森茂花香、生态优美城市；**陕北**：榆林、延安两市重点推进三条长廊、四条河流、五个基地以及若干环城景观林建设，加快生态建设。

（二）做美城市标准

生态环境优美。主要体现在城市绿化率较高、环境质量达标，自然地貌、植被、水系、湿地、生物多样性等得到有效保护。

居住环境舒适。主要体现在水、电、路、绿化、垃圾处理、污水处理等设施完善，医疗、卫生、教育等配套齐全，交通便捷等。

文化特色鲜明。主要体现在市民城市文明意识强，城市文明和谐、文化氛围浓厚，历史文化保护完整等。

城市管理有序。主要体现在社会治安良好，城市公共场所和社会生活管理有序，突发性公共事件应急体系健全等。

社会服务周全。主要体现在窗口服务、质量监督、旅游服务、公共交通、住宿设施等服务规范，保障居民合法权益。

社会和谐稳定。主要体现在社会保障体系健全，老龄事业、残疾人、外来务工人员服务和保障体系完善等。

（三）量化指标体系

根据做美城市的内涵和标准，结合中国人居环境奖和陕西省创建园林城市、卫生城市、文明城市、环保模范城市有关要求，制定做美城市综合评价指标体系，主要由生态环境、居住环境、文化文明、城市管理、服务周全、社会和谐6个方面24项一级指标及70多项二级细化指标构成（表5-1）。

做美城市综合评价指标体系 表 5-1

建设标准	一级指标	二级指标及参考标准
A1 生态环境优美	B1 城市生态	市区自然地貌、植被、水系、湿地等生态敏感区域得到有效保护，按照生态学原则进行驳岸和水底处理，河道无大规模硬质护坡和衬砌；制定《城市生物多样性保护规划》，并完成市域范围的生物物种资源普查
	B2 生态绿化	城市绿化覆盖率≥40%，城市绿地率≥35%，城市人均公园绿地面积≥12 平方米，面积在 5000 平方米以上的公园绿地按照 500 米的服务半径计算覆盖居住用地占总居住用地的比例≥80%，城市林荫路推广率≥70%
	B3 环境质量	城市空气质量良好，API ≤100 的天数占全年天数比例≥60%，城市地表水环境质量达标率 100%，且市区内无 IV 类以下水体，城市区域噪声平均值≤60dB
A2 居住环境舒适	B4 住房保障与社区建设	保障性住房建设年度计划全面完成；社区教育、医疗、体育、文化、便民服务、公厕等各类设施配套齐全；建成区内基本消除棚户区，居民得到妥善安置，实施物业管理；制定城中村改造规划并按规划实施
	B5 市政基础设施	人均道路面积≥13 平方米，城市公共供水覆盖率≥95%，城市燃气普及率≥98%；城市地下管网、道路桥梁等市政基础设施档案健全，运行管理制度完善，监管到位，城市安全运行得到保障；城市景观照明严格按照规范进行设计，被照对象照度、亮度、照明均匀度、照明功率密度及限制光污染指标等均达到规范要求；城市供水水质符合标准；城市生活污水集中处理率高于全国平均值 5%；污水收集管网配套；城市生活垃圾无害化处理率高于全国平均值 10%，垃圾处理设施达到无害化等级评定 Ⅱ 级以上，运行安全，试行垃圾分类；城市排水设施按规划建设；建成区推行雨污分流排水体制
	B6 交通出行	平均通勤时间≤30 分钟，使用公共交通出行的总人次占城市出行总人次的比例≥30%；制定专项规划，并经批准实施，建成较为完善的步行、自行车系统，通过步行和自行车出行的总人数占城市出行总人数的比例≥40%
	B7 公共服务	小学布局合理，分布均匀，服务半径不超过 500 米；幼儿园、中小学校舍、校园符合安全要求，校园周边治安环境良好，设置完善的警示、限速、禁止鸣笛等交通标志；人均拥有公共体育设施用地面积≥0.15 平方米，万人拥有卫生服务中心（站）数量≥0.3 个，万人拥有医院床位数≥40 个，万人拥有公共图书馆图书数量≥16000 册；人均拥有文化馆、图书馆、博物馆、青少年宫等公益性文化娱乐设施用地面积（指已建成投入使用的用地）≥0.8 平方米

续表

建设标准	一级指标	二级指标及参考标准
A3 文化特色鲜明	B8 市民素质	市民城市文明意识强，自觉维护城市形象。具有高尚的社会公德，积极保护生态环境，爱护公共设施，维护公共权益，遵守公共道德，维护公共秩序，形成了讲文明、讲卫生、讲科学、树新风的良好社会风尚。认真贯彻《公民道德建设实施纲要》，加强政策法制教育，公民道德建设广泛深入，市民具有高尚的职业道德、家庭美德和个人品德，人人都是城市文明的代表者
	B9 文明城市创建	广大人民群众积极支持和热情参与文明城市创建活动；文明城区、文明社区、文明行业、文明单位、文明家庭等各种形式的精神文明创建活动普遍开展，持续推进
	B10 历史文化与城市特色	历史文化遗产保存完好，城市文化遗产和历史街区得到有效保护；城市景观风貌专项规划经过审批，实施效果良好；城市景观格局清晰；新建建筑有地方特色
A4 城市管理有序	B11 城市管理	社会治安综合治理组织及措施落实；城市公共场所和社会生活管理有序；社会保障体系、突发性公共事件应急体系、突发性公共卫生事件防御体系等治安防控体系健全；数字化城市管理系统建成并运行，结案率≥90%；城市管理高效有序
	B12 公共安全	有效遏制城市多种不安全事件，消除影响公共安全的隐患，措施有力，制度健全，执行到位，社会稳定，群众安全感强。道路事故死亡率≤10 人 / 万台车，刑事案件发案率≤5%。城市地下管网、道路桥梁等市政基础设施档案健全，运行管理制度完善，监管到位，城市安全运行得到保障。建立完善的应急指挥系统，制定突发公共事件等地方应急预案，并经过实际演练
	B13 规范执法	政府部门和执法单位依法行政、秉公执法；依法治市法规政策完善，组织网络有力，法律服务工作落实
A5 社会服务周全	B14 窗口行业服务	窗口行业自觉遵守职业道德规范，诚信经营、文明服务，自觉抵制和纠正各种行业不正之风
	B15 质量监督	服务行业质量监督到位，及时为消费者处理投诉，各种质量纠纷基本得以圆满解决
	B16 旅游服务	旅游市场秩序规范有序；在机场、火车站、商业及交通中心区等游客集散地设立咨询服务中心，具有咨询、预订、受理游客投诉等服务功能，各种信息资料能够及时更新，工作人员服务规范

续表

建设标准	一级指标	二级指标及参考标准
A5 社会服务周全	B17 公共交通	城市公共交通满足城市发展需要，路网布局合理，公交枢纽、港湾、车站等设施齐全。车辆清洁卫生，规范服务，出租汽车按里程表计价，不拒载，不欺诈
	B18 住宿设施	客房的数量、档次基本满足旅游者需求；安全、卫生管理制度及措施符合有关法规和标准；服务规范，保障客人的合法权益
	B19 餐饮服务	城市餐馆就餐环境整洁，严格执行食品卫生、保鲜等有关法规和标准
A6 社会和谐稳定	B20 社会保障	社会保险基金征缴率≥90%，城市最低生活保障实现应保尽保，正常发放
	B21 老龄事业	制定完善的老年人医疗、交通等优惠政策，并得到有效实施；百名老人拥有社会福利床位数≥2 张
	B22 残疾人事业	建立完善的残疾人服务和保障体系，并得到有效实施；主要道路、公园、公共建筑等公共场所设有无障碍设施且管理、使用情况良好
	B23 外来务工人员保障	制定完善的外来务工人员保障政策并得到有效实施
	B24 公众参与	建立完善的规划、建设、管理等公众参与制度并得到有效实施

四、做强县城综合评价指标体系

（一）做强县城内涵

以提高经济实力和综合承载力为核心，以扩大产业规模、提高经济质量、增强辐射带动功能为重点，将县城建成为经济繁荣、布局合理、功能健全、设施达标，具有很强人口聚集能力和产业带动能力的县域经济文化中心。

按照工业型、旅游型、农业型、资源型等主导产业类型，分类指导走特色化强县之路。**工业型县城**要做强优势产业、培育新兴产业、提升传统产业，走新型工业化道路；**旅游型县城**要依托陕西省文化、旅游、文物优势，以旅游文化产业为驱动力推动县域经济转型、社会变迁和文化重构；**农业型县城**要大力发展现代高效农业，积极推行农场化、园区化、专业化经营模式，加快农业科技创新；**资源型县城**要加快经济发展方式转变，促进资源开发与经济社会发展、生态环境保护相协调。

（二）做强县城标准

经济实力雄厚。主要体现在GDP、人均GDP、财政收入、二、三产业增幅等指标逐年增加，经济结构优化等。

辐射能力强劲。主要体现在产业带动能力和招商引资能力增强、人口聚集快，带动就业能力强，快速吸纳周边人口。

基础设施完善。主要体现在道路交通便利，水、电、气、照明、亮化、防灾减灾等设施配套完善。

公共服务齐全。主要体现在商贸金融、文化科教、医疗卫生、社会福利设施、社区服务中心等配套齐全。

城镇管理规范。主要体现在城镇管理制度明确，机构健全，街容街貌较好，规划建设规范，群众满意度较高。

（三）量化指标体系

根据做强县城的内涵和标准，结合国家和陕西省创建园林县城、卫生县城、文明县城、环保模范县城有关要求，制定做强县城综合评价指标体系，主要由经济发展、辐射能力、基础设施、公共服务、城镇管理5个方面27项一级指标及60多项二级细化指标构成（表5-2）。

做强县城综合评价指标体系 表 5-2

建设标准	一级指标	二级指标及参考标准
A1 经济实力雄厚	B1 生产总值	地方国内生产总值、财政收入逐年增长，增幅较高。城镇居民人均可支配收入逐年增长
	B2 就业水平	再就业工作成效突出，城市登记失业率≤4.3%
	B3 资金投入	市政公用设施建设固定资产投资占同期全社会固定资产投资比重≥5%
	B4 经济结构	经济结构不断优化，经济增长的质量和效益逐步提高。第三产业增加值占 GDP 比重≥40%
A2 辐射能力强劲	B5 城镇化率	常住人口城镇化率提高，户籍人口与常住人口城镇化率差距缩小
	B6 人口指标	非农产业从业人口比重、县城城区人口比重、县城城区人口密度、县城城区人口增长率不断增加
A3 基础设施完善	B7 城镇道路和交通	人均市政道路面积达到 13 平方米；路网密度达到 4 公里 / 平方公里；道路系统完善、等级清晰。无侵占、破坏机动车道的现象，路面无坑洼积水；人行道、慢行道平整畅通，无损坏占用现象；道板、护栏等设施完好。按要求配置标志标线、信号灯、护栏、隔离墩等交通安全设施。道路名称、标牌设置合理，文字、注音规范；公共图标设置合理，准确清晰。每万人拥有公交车辆 6 辆（标台）以上。人均公共停车场面积达到 0.8 平方米以上，公交停车场 1 处以上。建有功能较为完善的长途客运站
	B8 广场	人均广场面积达到 0.2 平方米以上，广场内绿地率达到 25% 以上
	B9 供水	建成自来水厂 1 座以上，供水能力能够满足社会需求，有应急备用水源地。用水普及率达到 90% 以上，供水水质综合合格率达到 100%
	B10 天然气和燃气	储配站选址合理（具备燃气供应条件的县城），燃气普及率达到 80% 以上
	B11 照明和亮化	实施城镇亮化工程，城镇主次干道及广场、游园亮灯率达到 98% 以上
	B12 防灾减灾	按照县城防洪标准完成了堤防及其相关设施的建设、维护工作；主行洪区内无碍洪阻洪的建（构）筑物。排水设施完好，运行正常。按照消防标准建立了指挥中心、消防站和室外消防栓等，室外消防栓间距不大于 120 米。建立了地质灾害预警预报系统，能够对地质灾害进行有效监测；开展了生态治理与工程防治相结合的防治工作。广场、公园等避灾场所建有公共饮水等救生设施和其他卫生设施

续表

建设标准	一级指标	二级指标及参考标准
A4 公共服务齐全	B13 商业设施	商业金融设施配套齐全。建成一定规模的宾馆、综合性超市、商场或百货商店、室内农贸市场等，商业设施服务半径为 500~1000 米。商业用地面积人均达到 3 平方米以上
	B14 学校	建有县级职教中心，建设 1 所以上标准化高中和 1 所以上初中，每个学生平均校园用地达到 12 平方米以上。小学服务半径不大于 500 米，每个学生平均校园用地面积达到 11 平方米以上
	B15 医疗卫生设施	建立了二级以上综合性医院，以及专科医院、预防保健机构和基层卫生设施构成的公共卫生服务体系。床位配置标准达 2.72 张 / 千人口，卫生技术人员达 3.97 人 / 千人口
	B16 文化科技设施	各建设 1 座以上公共图书馆、影剧院、文化活动中心，有固定的科技教育活动场所
	B17 体育设施	建成 1 个标准田径场，人均体育场地达到 1 平方米。社区设置了便民体育健身器材，管护良好
	B18 社会福利设施	建成社会福利中心 1 处，建筑面积达到 2000 平方米以上；按社区配置社区服务站，建筑面积达到 300 平方米以上；主要道路、公园、公厕及大型公共建筑等设有无障碍设施且管理、使用情况良好
	B19 供电、邮政、通信设施	变电站、邮政、通信局（所）布局合理，重要地段线路实行埋地敷设。主变容量能够满足县城供电需要；高压电力走廊得到有效保护控制
	B20 园林绿化	人均公园绿地面积达到 6.5 平方米以上。道路绿地率达到 20% 以上。至少有 1 座 3 公顷以上的公园，公园绿化面积占陆地总面积的 70% 以上。各类绿地等级清晰，布局合理，功能齐全。旧城区绿化覆盖率大于 25%，新区绿化覆盖率大于 30%
	B21 环境设施	主干道路建成雨污分流的排水系统；建成污水处理厂 1 座以上，污水集中处理率（二级）达到 80% 以上；建立完善的垃圾收集、转运、处理系统，至少有 1 座生活垃圾无害化处理场建成并投入使用，生活垃圾无害化处理率 80% 以上；主、次干道两侧废物箱设置间距不超过 50 米；道路清扫保洁率达到 100%，其中机械化清扫率达到 30% 以上；城镇快速干道、过境路机械化清扫率达到 70% 以上；按规定建设环卫工人休息场所和环卫车辆停车场；平均每平方公里三类以上公厕不少于 4 座
A5 城镇管理规范	B22 制度建设	按照有关法律法规，建立了完善的城镇建设管理规章制度，分工明确，机构健全，责任落实，管理规范有序

续表

建设标准	一级指标	二级指标及参考标准
A5 城镇管理规范	B23 主要街道和重点地段容貌	主要大街和重点地段无违章搭建现象，无乱摆摊点、乱张贴现象
	B24 沿街店铺管理	沿街店铺无出店经营，卫生状况良好，门前管理责任制落实到位
	B25 城镇交通管理	无非法营运车辆和争抢客源现象，车辆停靠安全、规范、有序，交警文明值勤，车辆、行人服从指挥
	B26 规划建设管理	城镇建设严格依照批准的总体规划和详细规划执行，严格履行基本建设程序，违章建筑查处有力，无违反城镇建设相关法律法规的重大案件
	B27 群众满意度	群众对县城建设满意率达到 90% 以上

五、做大集镇综合评价指标体系

（一）做大集镇内涵

以扩大规模、完善设施、提升管理为核心，在资源环境承载能力的前提下，按照示范先行、标准建设、分步实施、整体推进原则，重点提升人口和产业规模，形成具有一定集聚和带动能力的县域副中心或重要节点。

按照重点示范镇、文化旅游名镇、沿渭重点镇、一般镇四个层次加快推进全省小城镇建设。**重点示范镇**要按照“加快建设新区、改造提升老区、整合镇域社区、发展产业园区”的思路加快建设，提高聚集带动能力；**文化旅游名镇**要全面开展规划建设工作，完善旅游设施及基础设施，推动旅游产业发展；**沿渭重点镇**要做好规划模块设计、滨水景观设计、打造特色各异的沿渭景观带，发展设施农业、生态农业、生态湖泊等观光旅游产业；**一般小城镇**要按照城乡政策一致、规划建设一体、公共服务均等原则，加快建设进度。

（二）做大集镇标准

城镇发展较快。主要体现在城镇人口快速增加，建成区面积不断扩大，经济不断发展，基础设施水平显著提高。

集聚能力提高。主要体现在镇区居民生产、生活等条件改善，城镇总体实力不断增强，吸纳外来人口能力强。

基础设施完善。主要体现在镇区道路系统完善、等级清晰、全部硬化；停车设施、客运场站配备齐全；市政管道配备完善。

公共服务齐全。主要体现在城镇集贸市场、文体科教、医疗保健、社会福利等各类设施建设完善。

人居环境优美。主要体现在镇区居民住房条件较好、环境质量达标、城镇绿化率较高等。

规划建设有序。主要体现在城镇规划编制科学完善，规划建设有序进行。

（三）量化指标体系

根据做大集镇的内涵和标准，按照居住相对集中、设施配套相对完善、城乡公共服务均等的要求，依据标准化模块的理念和相关规范，制定做大集镇综合评价指标体系，主要由城镇发展、基础设施、公共服务、人居环境、规划建设5个方面25项一级指标及50多项二级细化指标构成（表5-3）。

做大集镇综合评价指标体系 表 5-3

建设标准	一级指标	二级指标及参考标准
A1 城镇发展较快	B1 生产总值	国内生产总值、财政收入逐年增长，增幅较高。城镇居民人均可支配收入逐年增长
	B2 镇区人口	非农产业从业人口比重、镇区人口比重、镇区人口增长率、镇区人口密度快速提高
	B3 建设区面积	城镇建成区面积扩大
A2 基础设施完善	B4 道路交通	道路系统完善、等级清晰、基本硬化；人均道路面积达到 9 平方米；道路绿地率大于 20%；配置完善的标志标线、信号灯、护栏、隔离墩等交通安全设施。配备公共停车场 1 处以上，人均公共停车场面积达到 0.7 平方米以上。配备汽车客运站一处，建设四级及以上级别汽车客运站
	B5 广场	建成游憩休闲广场 1 处以上，人均广场面积不少于 0.2 平方米，广场内绿地率应大于 25%
	B6 地名标志	设置完善的符合国家标准的地名标志，镇名标志设置两块以上，镇区街、路、巷、桥梁、小区、广场、园林、车站、开发区等均应设置地名标志
	B7 供水	自来水厂建成，供水保障体系完善，供水能力满足城镇社会经济发展需求，自来水管网普及率达到 85% 以上，供水水质综合合格率大于 95%
	B8 排水	采用雨污分流的排水体制；污水处理设施建成运营，生活污水集中处理率达到 60% 以上
	B9 供电	主要电源按照规划进行扩容或完成新建，中低压输配电网络可靠性达到 90% 以上；重要地段实现埋地敷设
	B10 电信、邮政	邮政、电信局（所）布局合理；电信端局和邮政支局按要求配备；重要地段的通信线路实现埋地敷设
	B11 燃气	储配站选址合理（具备燃气供应条件的城镇），供气能力满足城镇供气需求，高压输气走廊得到有效保护控制，燃气普及率达到 60% 以上
	B12 照明和亮化	实施城镇亮化工程，城镇主次干路及广场、游园等亮灯率达到 90% 以上
	B13 环卫	按照规划完成生活垃圾收集、转运、处理系统建设；生活垃圾处理率达到 60%；公厕设置不少于每平方公里 3 座；主、次干路两侧废物箱按要求配置完善

续表

建设标准	一级指标	二级指标及参考标准
A2 基础设施完善	B14 防灾减灾	按照城镇防洪标准完成了堤防及其相关设施的建设、维护工作；行洪区内无碍洪的建（构）筑物。按照城镇消防要求配备消防站、通信、室外消防栓等设施。建立地质灾害预警预报系统，对镇区各类地质灾害进行有效监测；开展了生态治理与工程防治结合的防治工作。广场、公园等避难场所建有救生设施和其他卫生设施，人均避难场所面积不少于 3 平方米
A3 公共服务齐全	B15 教育机构	建成符合国家标准的公办乡镇中心幼儿园一所以上，建设符合省颁标准的乡镇中心小学 1 所以上，根据学区学龄人口情况和需要，规划设置初级中学。人口规模大于 5 万人的镇应建设高中、职业学校或职业培训中心 1 所
	B16 文体科技	应设置综合文化体育中心、体育场馆、科技站、图书馆、影剧院等设施
	B17 医疗保健	设置卫生院、计划生育站一所以上，疾控中心一处。人口规模 5 万人以上的镇应设置医院
	B18 商业金融	建成 400 平方米以上连锁经营超市、宾馆、银行及储蓄所一处以上，综合性商业中心基本建成
	B19 社会福利	建成社区服务中心一处，独立设置或者结合镇区其他公共设施设置残障人康复中心一处。建成社会救助服务中心一处
	B20 集贸市场	建成面积不少于 2000 平方米的农贸市场一处，百货市场一处以上，其他专业市场根据发展需要设置
A4 人居环境优美	B21 住房保障	住房供应结构合理，形成保障房和商品房的供应体系，满足进镇农民、搬迁移民、就地转移人口的住房需求。人均住房建筑面积达到 30 平方米。廉租住房、经济适用住房和公共租赁住房用地占到居住用地指标的 30% 左右。人均住房建筑面积 13 平方米以下的低收入家庭廉租房保障率达到 100%
	B22 园林绿化	建成公园 1 处以上，公园内绿地率大于 80%；人均公园绿地面积不少于 6 平方米。公共绿地等级清晰，能够满足 500 米服务半径的要求。镇区绿地率不少于 30%
	B23 环境质量	空气质量良好，API ≤100 的天数占全年天数比例 ≥60%，地表水环境质量达标率 100%，噪声平均值 ≤60dB

续表

建设标准	一级指标	二级指标及参考标准
A5 规划建设有序	B24 规划编制	及时编制城镇总体规划、控制性详细规划及修建性详细规划等
	B25 规划建设管理	城镇建设严格依照批准的总体规划、控制性详细规及修建性详细规划等执行，严格履行基本建设程序，违章建筑查处有力

六、做好社区综合评价指标体系

（一）做好社区内涵

以强化社区管理、提升服务功能为重点，以“统一规划、相对集中、资源整合、城乡一体”为原则，按照培育中心村、整合自然村、提升特色村的总体思路，建设布局合理、规模适度、功能完善、管理有序、生活舒适、村容整洁、环境优美、特色鲜明的新型农村社区，实现群众居住环境改善、生产生活方式转变、物质文化需求不断满足，最大限度方便群众生活。

（二）做好社区标准

基础设施完善。主要体现在社区道路、给水排水、电力电信、防灾减灾等市政设施完善。

公共服务齐全。主要体现在教育机构、公益服务、集贸市场、社会保障、便民服务等各类设施配套。

社区管理有序。主要体现在社区治安良好、社区公共场所及社区生活管理有序、居民满意度高。

人居环境优美。主要体现在社区居民住房条件较好，社区绿化率较高，空气、水和声环境质量良好等。

（三）量化指标体系

根据做好社区的内涵和标准，结合陕西省农村社区建设的实际情况，制定做好社区综合评价指标体系，主要由基础设施、公共服务、社区管理、人居环境4个方面17项一级指标及30多项二级细化指标构成。按照人口规模600~1000人、1000~2000人、2000~3000人、3000~5000人、>5000人等层次不同建设标准分别评估（表5-4）。

做好社区综合评价指标体系　　表5-4

建设标准	一级指标	二级指标及参考标准
A1 基础设施完善	B1 道路交通	道路系统完善、等级清晰；人均道路面积达到9平方米以上；社区内道路全部硬化；每万人每天通达公交汽车班次达到30次；建成游憩休闲广场1处
	B2 给水排水	供水设施建成，供水能力满足农村社区生活、生产需求，供水水质符合国家生活饮用水卫生标准；排水管渠、污水处理设施建成，排水体制与污水处理模式符合农村社区自身特点、建设条件及区域当地实际
	B3 电力电信	供电系统按要求建成，满足农村社区生产、生活用电需求；有线电视、广播、宽带等网络实现进户；邮政服务网点、移动基站满足农村社区通信需求
	B4 环境卫生	环境整洁，生活垃圾实现有效利用及卫生填埋处理
	B5 防灾减灾	沿河（沟）农村社区按照相应防洪标准完成了堤防及截排洪渠等设施的建设；按要求配备完善了消防栓、消防水池等消防设施；对威胁社区安全的各类地质灾害隐患点进行了有效避让，建立了社区地质灾害预警监测系统，开展了生态治理与工程防治相结合的地质灾害防治工作
A2 公共服务齐全	B6 教育机构	建有幼儿园、托儿所一处，人口规模大于3000人的农村社区设置小学一所，人口规模大于5000人的农村社区设置九年一贯制学校一所

续表

建设标准	一级指标	二级指标及参考标准
A2 公共服务齐全	B7 公益服务	按照“八室”（社区组织办公室、社区委员会办公室、综合会议室、警务室、档案室、阅览室、党员活动室、信访调解室）和“二站”（社区服务和社会保障站、医疗计生服务站）的模式建设社区综合服务中心，建有室外文体活动场所一处
	B8 商业服务	引导基层供销社、粮油店等设立集商品经营等便民服务于一体的基层综合服务社，零售商业网点密度达到每平方公里 2 个；引导金融机构设立服务站点，人口规模大于 3000 人的农村社区引导形成一条商业街区
	B9 集贸市场	人口规模大于 3000 人的农村社区，以满足群众的日常周期性需求为标准，可以设立临时性集市或小型农贸市场
	B10 社会保障	设置养老服务站一处，保证老年人百人拥有床位数达到 40 个，人口规模大于 5000 人的农村社区设置敬老院及残障人康复中心一处
A3 社区管理有序	B11 制度建设	按照有关法律法规，建立了完善的农村社区建设管理规章制度，分工明确，机构健全，责任落实，管理规范有序
	B12 主要街道和重点地段容貌	主要大街和重点地段无违章搭建现象，无乱摆摊点、乱张贴现象
	B13 沿街店铺管理	沿街店铺无出店经营，卫生状况良好，门前管理责任制落实到位
	B14 交通管理	无非法营运车辆和争抢客源现象，车辆停靠安全、规范、有序
	B15 规划建设管理	农村社区建设严格依照批准的总体规划和详细规划执行，严格履行基本建设程序，违章建筑查处有力，无违反城镇建设相关法律法规的重大案件
A4 人居环境优美	B16 住房建设	基本完成低保收入标准以下农村困难家庭危房改造任务，进一步扩大危房改造救助覆盖面。按照农村社区建设标准进行统一规划、统一改造、统一建设集中住宅区。基本满足农民正常住房改造建设需求。提倡建设公寓式住宅，推行建设联立式住宅，控制建设独立式住宅。实现农村居民点人均建设用地有所下降。保证人均住房面积达到 36 平方米
	B17 环境质量	空气质量良好，API ≤100 的天数占全年天数比例 ≥60%，地表水环境质量达标率 100%，人均公共绿地面积达到 8 平方米，噪声平均值≤60dB

七、考评办法

（一）分类考核

根据城镇化基础条件、发展阶段和功能定位，比照省政府对各市政府年度目标管理考核工作，对全省的设区市、县城、集镇及社区进行分类考核。

（二）组织实施

各市、县、镇人民政府要做好相关统计指标的收集、整理和分析工作，定期对上一年度的城镇化发展情况进行自我评估。同时，根据考核结果找出城镇化发展过程中的不足，并制定相应发展策略，努力提高本地区城镇化的发展水平。

附：课题组主要成员名单

课题组组长：刘科伟（西北大学教授、国家注册规划师）

课题组成员：段玉鹏　金　冀　李　桃　张　博　赵思敏　郑松林

郝彩云　李晓娟　马骞宇

参考文献

[1] 费孝通. 新型城镇化—模式分析与实践路径 [M]. 北京：国家行政学院出版社，2013.

[2] 新玉言. 新型城镇化：理论发展与前景透析 [M]. 北京：国家行政学院出版社（第1版），2013.

[3] 中国城市和小城镇改革发展中心课题组. 中国城镇化战略选择政策研究 [M]. 北京：人民出版社，2013.

[4] 朱宇，祁新华，王国栋，林李月. 中国的就地城镇化：理论与实证 [M]. 北京：科学出版社，2012.

[5] 中国（海南）改革发展研究院. 人的城镇化——40余位经济学家把脉新型城镇化 [M]. 北京：中国经济出版社，2013.

[6] 武权德. 国家战略与中国特色城镇化——来自云南的实践 [M]. 北京：科学出版社，2011.

[7] 董战峰，杨春玉，吴琼等. 中国新型绿色城镇化战略框架研究 [J]. 生态经济，2014，30（2）:79-82（92）.

[8] 黄亚平，陈瞻，谢来荣. 新型城镇化背景下异地城镇化的特征及趋势 [J]. 城市发展研究，2011，（8）:11-16.

[9] 沈清基. 论基于生态文明的新型城镇化 [J]. 城市规划学刊，2013，（1）:29-36.

[10] 仇保兴. 新型城镇化带动西部大开发——以南疆为例. 在第二届中国创新大会上的发言，2010.

[11] 李忠，卢伟，王丽. 绿色、循环、低碳的新型城镇化发展研究 [J]. 中国经贸导刊，

2013（2）：28−31.

［12］仇保兴．建设绿色基础设施，迈向生态文明时代——走有中国特色的健康城镇化之路［J］．中国园林，2010，26（7）：1−5.

［13］国家发展和改革委员会主任:徐绍史．国务院关于城镇化建设工作情况的报告．2013年6月26日在第十二届全国人民代表大会常务委员会第三次会议上.

［14］张学良主编．2013中国区域经济发展报告——中国城市群的崛起与协调发展［M］．北京：人民出版社，2013.

［15］刘士林，刘新静主编．城市群蓝皮书：中国城市群发展指数报告（2013）［M］．北京：社会科学文献出版社，2013.

［16］方创琳，宋吉涛，蔺雪芹等主编．中国城市群可持续发展理论与实践［M］．北京：科学出版社，2010.

［17］彭翀，顾朝林．城市化进程下中国城市群空间运行及其机理［M］．南京：东南大学出版社，2011.

［18］张协奎等．城市群资源整合与协调发展研究：以广西北部湾城市群为例［M］．北京：中国社会科学出版社，2012.

［19］陕西省城乡规划设计研究院，延安市规划设计院．延安市统筹城乡发展空间布局规划（2011—2030年），2011.

［20］陕西省城乡规划设计研究院．西咸新区总体规划（2010—2020年），2010.

［21］姚士谋，武清华，薛凤旋，陈景芹．我国城市群重大发展战略问题探索［J］．西安：人文地理，2011.

［22］厉以宁．《论城乡一体化》［J］．北京：中国流通经济，2010.

［23］陈俊梁．城乡一体化发展的“苏州模式”研究［J］．北京：调研世界，2010.

［24］赵思敏，刘科伟．欠发达地区农村居民点体系重构模式研究——以咸阳市为例［J］.

长沙：经济地理，2013.

[25] 武苏阳，刘东兴，陈光华. 城乡一体化背景下的远城区综合交通规划——以武汉市为例 [J]. 北京：城市交通，2012.

[26] 刘玉亭，姚龙，刘欢芳. 小城镇人口集聚的比较研究及其合理规模浅析 [J]. 现代城市研究，2013 (5).

[27] 李郇，殷江滨. 劳动力回流 小城镇发展的新动力 [J]. 城市规划，2012 (2).

[28] 王建华. 小城镇发展的问题及对策 [J]. 城市问题，2005 (6).

[29] 何平. 中国城镇化质量研究 [J]. 统计研究，2013. 30 (6)

[30] 白先春. 我国城市化进程的计量分析与实证研究 [D]. 南京:河海大学，2004.

[31] 刘艳军，李诚固，孙迪. 区域中心城市城市化综合水平评价研究——以15个副省级城市为例 [J]. 经济地理，2006，(3).

[32] 才春红，王健. 河北省城镇化发展水平评价及对策研究 [J]. 安徽农业科学，2009. 37 (34).

[33] 白先春，凌亢，郭存芝. 城市发展质量的综合评价——以江苏省13个省辖市为例 [J]. 中国人口. 资源与环境，2004 (6).

[34] 严新明，童星. 城市化指标：测量抑或诊断观察 [J]，2006 (9).

[35] 湖南省城乡规划委员会. 关于印发《湖南省城镇化评价指标体系》的通知 (湘规委 [2006] 5号) [R].